SO GREAT 한국어 ②

WORK BOOK

소통

집필진

김정현 서울대학교 언어교육원 대우전임강사(한국어교육학박사)
박성희 송곡대학교 한국어비즈니스학과 강사(한국어교육학박사과정)
정미진 인천대학교 국어국문학과 초빙교수(한국어교육학박사)
조형일 송곡대학교 한국어비즈니스학과 교수(한국어교육학박사)

SO GREAT 한국어 워크북2

발 행 일 | 2024년 12월 11일
저   자 | 송곡대학교(김정현, 박성희, 정미진, 조형일)
펴 낸 곳 | 소통
펴 낸 이 | 최도욱
디 자 인 | 조해민
표   지 | 라온그램
삽   화 | 임주원
주   소 | 서울시 금천구 시흥대로 193 아람아이씨티타워 1110호
전   화 | 070-8843-1172
팩   스 | 0505-828-1177
이 메 일 | sotongpub@gmail.com
블 로 그 | http://sotongpublish.tistory.com
홈페이지 | http://www.sotongpub.com
가   격 | 15,000원
I S B N | 979-11-91957-43-3

*이 책은 저작권법에 따라 보호받고 있습니다.
불법 복제와 불법 PDF는 법으로 금지되어 있습니다.

SO GREAT 한국어 ②

WORK BOOK

김정현, 박성희, 정미진, 조형일

소통

목차

01과 한국어를 공부한 지 3개월이 됐어요 ········· 12
　　　문법 [명](이)라고 하다 ········· 13
　　　문법 [동]-(으)ㄴ 지 ········· 13

02과 서로 가르쳐 주기로 해요 ········· 14
　　　문법 [동]-기로 하다 ········· 15
　　　문법 [동]-어 주다 ········· 15

03과 시간이 있으면 꼭 오세요 ········· 16
　　　문법 [동]-(으)면 / [형]-(으)면 / [명](이)면 ········· 17
　　　문법 [동]-(으)ㄹ게요 ········· 17

복 습 읽기 모임 ········· 18
(1-3과)　쓰기 모임 ········· 19

04과 마음에 드는 가방을 샀어요 ········· 20
　　　문법 [형]-(으)ㄴ ········· 21
　　　문법 [동]-(으)ㄴ/는/(으)ㄹ ········· 21

| 05과 | 새것으로 바꿔 드리겠습니다 | 22 |

문법 [동]-어 드리다 ··············· 23

문법 [명]밖에 ··············· 23

| 06과 | 오늘 주문하면 언제 받을 수 있나요? | 24 |

문법 [동]-나요? / [형]-(으)ㄴ가요? / [명]인가요? ····· 25

문법 [동]-(으)ㄹ 것 같다 / [형]-(으)ㄹ 것 같다 / [명]일 것 같다 ··············· 25

복 습 (4-6과)

읽기 쇼핑 ··············· 26

쓰기 쇼핑 ··············· 27

| 07과 | 제주도에 가 봤어요 | 28 |

문법 [동]-어 보다 ① ··············· 29

문법 [동]-(으)ㄹ 줄 알다/모르다 ··············· 29

| 08과 | 같이 신청할래요? | 30 |

문법 [동]-(으)ㄹ래요 ··············· 31

문법 [동]-거나 / [형]-거나 / [명](이)나 ··············· 31

| 09과 | 아름다운 경치를 보면서 걸어 보세요 | 32 |

문법 [동]-(으)면서 ··············· 33

문법 [동]-어 보다 ② ··············· 33

복 습 (7-9과)	읽기 여가 활동 ······ 34
	쓰기 여가 활동 ······ 35

10과 마리 씨의 친구는 마음이 따뜻한 것 같아요 ······ 36

문법 [형]-(으)ㄴ 것 같다 ······ 37

문법 [동]-는 것 같다 ······ 37

11과 친구가 집을 소개해 준 덕분에 이사하게 됐어요 ······ 38

문법 [동]-(으)ㄴ 덕분에 ······ 39

문법 [동]-게 되다 ······ 39

12과 저는 주말에 늦잠을 자는데 룸메이트는 아침 일찍 청소를 해요 ······ 40

문법 [동]-는데 / [형]-(으)ㄴ데 / [명]인데 ① ······ 41

문법 [동]-(으)ㄴ 적이 있다/없다 ······ 41

복 습 (10-12과)	읽기 인간관계 ······ 42
	쓰기 인간관계 ······ 43

13과 저도 가 보고 싶었는데 같이 갈래요? ······ 44

문법 [동]-는데 / [형]-(으)ㄴ데 / [명]인데 ② ······ 45

14과 날짜를 바꿨으면 좋겠어요 ······················· 46

문법 [동]-(으)ㄹ까요? / [형]-(으)ㄹ까요? / [명]일까요? ② ·· 47

문법 [동]-었으면 좋겠다 / [형]-었으면 좋겠다 / [명]이었/였으면 좋겠다 ···················· 47

15과 수업이 끝나니까 6시였어요 ······················· 48

문법 [동]-다가 ······················· 49

문법 [동]-(으)니까 ② ······················· 49

복습 (13-15과)

읽기 약속 ······················· 50

쓰기 약속 ······················· 51

16과 약을 먹는 동안 술을 드시지 마세요 ······················· 52

문법 [동]-(으)ㄹ 때 / [형]-(으)ㄹ 때 / [명] 때 ······················· 53

문법 [동]-는 동안 / [명] 동안 ······················· 53

17과 약을 드시고 푹 쉬도록 하세요 ······················· 54

문법 [동]-도록 하세요 ······················· 55

문법 [동]-어야 하다/되다 / [형]-어야 하다/되다 ······················· 55

18과 좋아하는 가수의 음악을 들으면 기분이 좋아져요 ······················· 56

문법 [동]-어도 / [형]-어도 ······················· 57

문법 [형]-어지다 ······················· 57

복 습 (16-18과)	읽기 건강	58
	쓰기 건강	59

19과 통장을 만들려고 왔는데요 ································ 60
문법 [동]-(으)려고 ································ 61
문법 [동]-기 전에 / [명] 전에 ································ 61

20과 등기 우편으로 보내 주세요 ································ 62
문법 [명](으)로 ································ 63
문법 [동]-(으)ㄴ 후에 / [명] 후에 ································ 63

21과 신청서를 이메일로 보내도 될까요? ································ 64
문법 [동]-어도 되다 ································ 65
문법 [동]-(으)면 안 되다 ································ 65

복 습 (19-21과)	읽기 시설 이용	66
	쓰기 시설 이용	67

22과 한국 음식에 대해서 발표하겠습니다 ································ 68
문법 [동]-기 때문에 / [형]-기 때문에 / [명] 때문에 ··· 69
문법 [명]에 대해(서) / [명]에 대한 [명] ································ 69

23과 부모님은 고향에 계세요 ··· **70**
  문법 [동]-(으)시- / [형]-(으)시- / [명](이)시 ············ **71**
  문법 [동]-도록 하겠습니다 ··· **71**

24과 내가 도와줄 테니까 걱정하지 마 ·· **72**
  문법 [동]-(으)ㄹ 테니까 ··· **73**
  문법 [동]-어 / [형]-어 / [명](이)야 ······································ **73**

복 습 읽기 대중매체 ··· **74**
(22-24과) 쓰기 대중매체 ··· **75**

25과 고추장을 넣고 나서 끓여 주세요 ·· **76**
  문법 [동]-고 나서 ··· **77**
  문법 [동]-어 두다 ··· **77**

26과 삼겹살을 야채하고 같이 먹으면 더 맛있다고 해요 ················ **78**
  문법 [동]-는/ㄴ다고 하다 / [형]-다고 하다
       / [명](이)라고 하다 ··· **79**
  문법 [동][형]-았/었다고 하다 / [명]이었/였다고 하다 /
       [동][형]-(으)ㄹ 거라고 하다 / [명]일 거라고 하다 ········ **79**

27과 역시 맛집이네요! ··· **80**
  문법 [동]-네요 / [형]-네요 / [명](이)네요 ······················ **81**
  문법 [동]-어 / [동]-자 ··· **81**

| 복 습 (25-27과) | 읽기 음식 | 82 |
| | 쓰기 음식 | 83 |

28과 유학생 모임에 나가 보는게 어때? ········· 84
문법 [동]-는 것 ········· 85
문법 의문대명사+[동]-는지 / [형]-(으)ㄴ 지 / [명]인지 ········· 85

29과 한국 생활이 힘들지요? ········· 86
문법 [동]-지요 / [형]-지요 / [명](이)지요 ········· 87
문법 [동]-어야겠다 ········· 87

30과 졸업을 하자마자 취직했으면 좋겠어요 ········· 88
문법 [동]-자마자 ········· 89
문법 [동]-(으)려면 ········· 89

| 복 습 (28-30과) | 읽기 나의 미래 | 90 |
| | 쓰기 나의 미래 | 91 |

TOPIK I 읽기 연습 ········· 92
TOPIK I 읽기 연습 정답 ········· 110
표현 ········· 111

01 한국어를 공부한 지 3개월이 됐어요.

1. 다음 그림에 맞는 인사말을 쓰세요.

| 앞으로 친하게 잘 지내요 | 주말 즐겁게 보내요 |
| 행복하게 사세요 | 건강하게 오래오래 사세요 |

문법

[명](이)라고 하다

1. 토모 씨가 이야기해요. [보기]와 같이 친구에게 전달해 주세요.

[보기] 토모: 제 전공은 한국어비즈니스예요.
       나: 토모 씨 전공은 한국어비즈니스라고 했어요.

1) 토모: 제 취미는 그림 그리기예요.
   나: _____.

2) 토모: 저 친구는 교환 학생이에요.
   나: _____.

3) 토모: 그 사람은 제 동생이 아니에요.
   나: _____.

4) 토모: 이 수업은 한국 역사 강의가 아니에요.
   나: _____.

[동]-(으)ㄴ 지

2. [보기]와 같이 대화를 만드세요.

[보기] 가: 한국에 온 지 얼마나 됐어요?
       나: 한국에 온 지 4개월 됐어요.

1) 가: 그 친구를 만난 지 얼마나 됐어요?
   나: _____.

2) 가: 부모님과 전화한 지 얼마나 됐어요?
   나: _____.

3) 가: 언제부터 그 집에 살았어요?
   나: _____.

4) 가: 언제부터 한국어를 공부했어요?
   나: _____.

13

02 서로 가르쳐 주기로 해요.

1. 알맞은 표현을 찾아 문장을 완성하세요.

| 경기를 하다 | 연습하다 |
| 응원하다 | 대회에 나가다 |

송곡대학교 농구 모임 '슬램 덩크'에서 다음 달에 ㉮ _____ -(으)ㄹ 거예요. 그래서 매일 학교 운동장에서 농구를 ㉯ _____ -아/어요. 팀을 만들어서 ㉰ _____ -아/어요. 많은 친구들이 저를 ㉱ _____ -아/어요. 연습이 끝나고 친구들하고 밥도 먹어요.

2. 알맞은 표현을 찾아 문장을 완성하세요.

| 시험공부를 하다 | 같이 문제를 풀다 |
| 서로 가르쳐 주다 | 시험 신청을 하다 |

다음 달에 TOPIK 시험이 있어요. 그래서 ㉮_____ -았/었어요. 요즘 우리 반 친구들하고 같이 ㉯_____ -아/어요. 모르는 것을 ㉰_____ -(으)니까 좋아요. ㉱_____ -(으)면서 공부해요.

[동]-기로 하다

1. [보기]와 같이 대화를 만드세요.

[보기] 가: 주말에 뭐 해요?
나: 주말에 하산하고 영화를 보기로 했어요.

1) 가: 같이 저녁 먹어요. 어때요?
   나: 미안해요. _____.

2) 가: 오늘 수업 끝나고 뭐 해요?
   나: _____.

3) 가: 이번 방학에도 여행을 가요?
   나: _____.

4) 가: 졸업하고 고향에 돌아가요?
   나: _____.

[동]-어 주다

2. [보기]와 같이 대화를 만드세요.

[보기] 가: 여기에서 사진을 찍고 싶어요. 사진 좀 <u>찍어 주세요</u>.
나: 네. 웃으세요.

1) 가: 우산이 없어요. 우산 좀 _____.
   나: 네. 여기 있어요.

2) 가: 너무 추워요. 에어컨 좀 _____.
   나: 네. 껐어요.

3) 가: 기사님, 학교 앞에서 _____.
   나: 네. 세워 드릴게요.

4) 가: 저기요. 문 좀 _____.
   나: 네. 열어 드릴게요.

03 시간이 있으면 꼭 오세요.

1. 알맞은 표현을 찾아 일기를 써 보세요.

| 음식을 나눠 먹다 | 장을 보다 |
| 음식을 주문하다 | 선물을 주고 받다 |

지난 주말에 친구들하고 모임을 했어요. 그래서 마트에 가서 ㉮_____-았/었어요. 마트에서 음료수를 사 왔어요. 집에 가서 ㉯_____-았/었어요. 친구들하고 ㉰_____-았/었어요. 그리고 ㉱_____-았/었어요. 아주 즐거웠어요.

[동]-(으)면 / [형]-(으)면 / [명](이)면

1. [보기]와 같이 대화를 만드세요.

[보기]　가: 주말에 뭐 할 거예요?
　　　　나: 날씨가 좋으면 산책하러 갈 거예요.

1) 가: 언제 쇼핑을 할 거예요?
   나: _____.

2) 가: 돈이 많아요. 뭐 하고 싶어요?
   나: _____.

3) 가: 시험이 끝나요. 뭐 하고 싶어요?
   나: _____.

4) 가: 왜 매일 운동을 해요?
   나: _____.

[동]-(으)ㄹ게요

2. [보기]와 같이 대화를 만드세요.

[보기]　가: 9시까지 학교에 올 수 있어요?
　　　　나: 네, 9시까지 학교에 올게요.

1) 가: 지우개 좀 빌려 주세요.
   나: _____.

2) 가: 교실에서 한국어로 이야기하세요.
   나: _____.

3) 가: 잘가요. 집에 도착하면 전화하세요.
   나: _____.

4) 가: 생일 케이크는 누가 만들어요?
   나: _____.

읽기

복습 01-03과 　 모임

1. 글을 읽어 보세요.

> **K-Pop 모임**
>
> 한국 노래와 춤을 배우고 싶습니까?
> 그럼 우리 모임에 오세요!
>
> 일시: 금요일 오후 4 ~ 6시
> 장소: 송곡대학교 체육관

2. 다음 글을 읽고 질문에 대답해 보세요.

보낸 사람	송곡대학교 유학생회
제목	유학생 모임 안내

유학생 여러분, 안녕하십니까?

　송곡대학교 유학생 모임을 하려고 합니다. 모임은 다음 주 금요일 오후에 있습니다. 오후 4시에 시작합니다. 3시 30분까지 송곡대학교 강당으로 오십시오. 특히 신입생들은 꼭 참석해 주십시오. 모임에서 유학생 선배들을 만나서 이야기할 수 있습니다. 모임이 끝나고 같이 저녁 식사를 합니다.

그럼 다음 주에 뵙겠습니다.

송곡대학교 유학생회

1) 어떤 모임입니까?
2) 모임은 언제, 어디에서 합니까?
3) 모임에서 무엇을 합니까?

3. 여러분이 하고 싶은 모임을 이야기해 보세요.

새 표현 　 유학생 　 유학생회 　 참석하다 　 회원

쓰기

1. 다음 질문에 대답해 보세요.

1) 어떤 모임을 하고 싶어요?

2) 그 모임에서 무엇을 하고 싶어요?

> 한국 노래 모임을 하고 싶어요.

> 한국 노래를 배워요.

> 같이 공연도 해요.

2. 모임을 안내하는 이메일을 써 보세요.

보낸 사람	프엉
제목	한국 노래 모임 안내

학생 여러분, 안녕하세요?

이번에 한국 노래 모임에서 신입 회원을 모집합니다. 우리 모임에서는 한국 노래를 배워서 같이 공연을 합니다. 악기 연주와 춤도 배울 수 있습니다. 보통 일주일에 한 번, 수업이 끝나고 모입니다. 하지만 공연이 있으면 자주 모여서 연습을 해야 합니다. 모임을 함께 하고 싶으면 답장을 보내 주세요.

프엉 드림

3. 친구의 글을 읽고 이야기해 보세요.

1) 어떤 모임이에요?
2) 모임을 함께 하고 싶으면 답장을 써 보세요.

새 표현 배우다   악기   연주

19

04 마음에 드는 가방을 샀어요.

1. 알맞은 표현을 찾아 문장을 완성하세요.

크다	작다	무겁다
가볍다	길다	짧다
밝다	어둡다	

1) ㉮ 야구공은 _____-아/어요.
   하지만 농구공은 _____-아/어요.

2) ㉯ 치마는 _____-아/어요.
   하지만 바지는 _____-아/어요.

3) ㉰ 낮은 _____-아/어요.
   하지만 밤은 _____-아/어요.

4) ㉱ 시계는 _____-아/어요.
   하지만 안경은 _____-아/어요.

2. 알맞은 표현을 찾아 일기를 써 보세요.

| 싸다 | 비싸다 |
| 마음에 들다 | 어울리다 |

내일이 토모 씨 생일이에요. 그래서 백화점에 갔어요. 가방이 ㉮_____-았/었어요. 하지만 그 가방은 ㉯_____-았/었어요. 그래서 못 샀어요.

[형]-(으)ㄴ

1. [보기]와 같이 문장을 만드세요.

> [보기] 프엉이 **자전거**를 샀어요. 그 자전거는 **커요**.
> → 프엉이 큰 자전거를 샀어요.

1) 사람들이 **휴대폰**을 많이 사요. 그 휴대폰은 **비싸요**.
   → _____.

2) 하산이 **떡볶이**를 먹어요. 그 떡볶이는 **매워요**.
   → _____.

3) 오늘은 **피자**를 먹을 거예요. 그 피자는 **맛있어요**.
   → _____.

4) 지난 주말에 **영화**를 봤어요. 그 영화는 **무서웠어요**.
   → _____.

[동]-(으)ㄴ/는/(으)ㄹ

2. [보기]와 같이 문장을 만드세요.

> [보기] 에릭이 **친구**를 만나요. 그 친구는 **영어를 잘해요**.
> → 에릭이 영어를 잘하는 친구를 만나요.

1) 안나가 **불고기 피자**를 샀어요. 그 피자는 안나가 **자주 먹어요**.
   → _____.

2) 저는 어제 **케이크**를 먹었어요. 그 케이크는 양양 씨가 **만들었어요**.
   → _____.

3) 크리스나 씨가 **선물**을 샀어요. 그 선물은 부모님께 **드릴 거예요**.
   → _____.

4) 가: _____ 씨, 그게 뭐예요?
   나: _____.

05 새것으로 바꿔 드리겠습니다.

1. 알맞은 표현을 찾아 문장을 완성하세요.

| 교환하다 | 환불하다 |

㉮ 인터넷으로 옷을 샀어요. 그런데 사이즈가 작았어요.
그래서 더 큰 사이즈로 _____ -았/었어요.

㉯ 마트에서 우유를 샀어요. 그런데 맛이 이상했어요.
다시 마트에 가서 _____ -았/었어요.

2. 알맞은 표현을 찾아 문장을 완성하세요.

냄새가 나다	유통기한이 지나다
주문을 잘못 하다	본 것과 다르다
색깔이 어울리지 않다	디자인이 마음에 안 들다

㉮ 인터넷으로 신발을 샀어요. 화면에서는 귀여웠어요.
하지만 _____ -아/어서 환불 받았어요.

㉯ 시장에서 산 라면이 _____ -아/어서 새것으로 바꿨어요.

㉰ 빨간색 원피스가 예뻐서 샀어요. 하지만 저하고 _____ -아/어서
다른 색으로 바꿨어요.

㉱ 친구에게 가방을 선물 받았어요. 하지만 _____ -아/어요.

문법

[동]-어 드리다

1. [보기]와 같이 대화를 만드세요.

[보기]　가: 저기요. 사진 좀 찍어 주세요.
　　　　나: 네. <u>찍어 드릴게요</u>.

1) 가: 너무 추워요. 에어컨 좀 꺼 주세요.
   나: 네. _____-(으)ㄹ게요.

2) 가: 뭘 _____-(으)까요?
   나: 불고기 주세요.

3) 가: 할머니, 제가 _____-(으)ㄹ게요.
   나: 고마워요. 저기 문까지만 들어 주세요.

4) 가: 혹시 선생님 이메일 주소를 알아요?
   나: 네, 제가 _____-(으)ㄹ게요.

[명]밖에

2. [보기]와 같이 대화를 만드세요.

[보기]　가: 커피 있어요?
　　　　나: 아니요. <u>콜라밖에 없어요</u>.

1) 가: 까만색 모자 있어요?
   나: _____.

2) 가: 그 책 다 읽었어요?
   나: _____.

3) 가: 돈 좀 빌려 주세요.
   나: _____.

4) 가: 오늘 오후에 영화 볼까요?
   나: _____.

06 오늘 주문하면 언제 받을 수 있나요?

1. 알맞은 표현을 찾아 문장을 완성하세요.

주문하다	충전하다	사용하다
연결하다	택배로 받다	고장이 나다
수리를 받다	서비스 센터를 방문하다

㉮ 인터넷 쇼핑몰에서 노트북을 _____-았/었어요.

㉯ 노트북에 USB를 _____-았/었어요.

㉰ 어제 인터넷으로 옷을 샀어요. 오늘 오후에 _____-았/었어요.

㉱ 고장난 노트북을 _____-았/었어요. 지금은 잘 돼요.

㉲ 5년 전에 선물 받은 헤드폰을 _____-고 있어요.

㉳ 어제부터 전화가 안 돼요. 그래서 지금 _____-아/어서 기다리고 있어요.

㉴ 작년에 산 카메라가 _____-았/었어요.

㉵ 휴대폰 베터리가 없어서 _____-고 있어요.

문법

[동]-나요? / [형]-(으)ㄴ가요? / [명]인가요?

1. [보기]와 같이 대화를 만드세요.

[보기]　가: 한국어 수업은 언제 <u>시작하나요</u>?
　　　　나: 이번 주 목요일부터 시작해요.

1) 가: 수지 씨는 무슨 음식을 _____?
   나: 김치찌개를 좋아해요.

2) 가: 선생님께서 지금 사무실에 _____?
   나: 7시가 지났으니까 아마 퇴근하셨을 거예요.

3) 가: 춘천은 언제 가면 _____?
   나: 여름에 가세요. 아주 예뻐요.

4) 가: 저 사람도 _____?
   나: 네, 맞아요. 몽골 사람이에요.

[동]-(으)ㄹ 것 같다 / [형]-(으)ㄹ 것 같다 / [명]일 것 같다

2. [보기]와 같이 대화를 만드세요.

[보기]　가: 내일도 계속 더울까요?
　　　　나: 네. <u>계속 더울 것 같아요</u>.

1) 가: 이번 주말에 시간 있어요?
   나: _____.

2) 가: 하산 씨 생일에 뭘 사면 좋을까요?
   나: _____.

3) 가: 오후에 산책할까요?
   나: _____. 날씨가 흐려요.

4) 가: 저 사람은 누구예요?
   나: _____. 학생들이 인사를 해요.

25

읽기

복습 04-06과 　쇼핑

1. 어디에서 자주 물건을 사요? 이야기해 보세요.

> 저는 보통 편의점을 자주 이용해요. 하지만 물건을 많이 사야 하면 큰 마트에 가요. 마트에 가면 이것저것 구경을 할 수 있어서 재미있어요. 할인을 하면 물건을 싸게 살 수 있어요.

2. 다음 글을 읽고 질문에 대답해 보세요.

지난 주말에 친구들과 같이 벼룩시장에 갔다 왔습니다. 사람들이 이곳에서 자기가 안 쓰는 물건이나 직접 만든 물건을 사고팝니다. 예쁜 액세서리가 많아서 구경하는 것이 재미있었습니다. 저는 예쁜 반지를 하나 샀습니다. 반지의 디자인과 색깔이 예뻐서 마음에 (㉮). 저에게 잘 어울리는 것 같습니다. 나중에 동생에게도 같은 반지를 선물하고 싶습니다.

맛있는 음식을 파는 푸드 트럭(food truck)도 많아서 친구들과 함께 여러 가지 음식을 사서 나눠 먹었습니다. 밥을 먹고 아이스크림도 먹었습니다. 이 아이스크림이 요즘 인기가 많아서 줄을 서서 오랫동안 기다렸습니다. 아이스크림이 아주 시원하고 맛있었습니다.

이곳에는 공연을 하는 사람들도 있었습니다. 특히 춤을 추는 학생 팀이 아주 멋있었습니다. 구경하는 사람들이 공연을 보고 박수도 치고 소리도 질렀습니다. 저도 나중에 우리 모임 사람들과 함께 이곳에서 공연을 하고 싶습니다. 한국 노래 연습을 더 열심히 해야겠습니다.

1) 이 사람은 지난 주말에 뭘 했어요?
2) ㉮에 들어갈 말을 쓰세요.
3) 이 사람은 어떤 모임을 하는 것 같아요?

3. 여러분은 어떤 시장에 가 봤어요? 이야기해 보세요.

새 표현　　물건　반지　벼룩시장　소리를 지르다　액세서리　오랫동안　이것저것　편의점

쓰기

1. 다음 질문에 대답해 보세요.

1) 어디에서 자주 쇼핑을 해요?

2) 어떤 점이 좋아요? 어떤 점이 불편해요?

> 인터넷으로 쇼핑을 자주 해요.

> 가격을 비교할 수 있어요.

> 교환, 환불이 불편해요.

2. '쇼핑'에 대한 글을 써 보세요.

> 저는 인터넷으로 쇼핑을 자주 합니다. 인터넷으로 쇼핑을 하면 가게에 가지 않고 물건을 살 수 있어서 아주 편리합니다. 그리고 (…)
>
> 인터넷 쇼핑이 편리하지만 불편한 것도 있습니다. 물건을 직접 보고 살 수 없어서 가끔 인터넷으로 본 물건이 내가 받은 물건과 다릅니다. 그러면 (…)

3. 친구의 글을 읽고 이야기해 보세요.

1) 친구는 어디에서 물건을 자주 사요?
2) 좋은 점이나 불편한 점이 뭐예요?
3) 친구의 글에서 더 알고 싶은 것이 있어요?

07 제주도에 가 봤어요.

1. 알맞은 표현을 찾아 문장을 완성하세요.

시간을 즐겁게/재미있게 보내다	건강에 좋다
마음이 편하다	새로운 경험을 하다
새 친구를 사귀다	새로운 것을 배우다

㉮ 모임에서 _____ -았/었어요.

㉯ 한국에 와서 _____ -고 있어요.

㉰ 하늘을 보고 있으면 _____ -아/어요.

㉱ 요즘은 취미 활동을 하면서 _____ -고 있어요.

㉲ _____ -(으)ㄴ 음식을 먹어요.

㉳ 여러 나라 친구들을 만나면서 _____ -고 있어요.

[동]-어 보다 ①

1. [보기]와 같이 대화를 만드세요.

[보기] 가: 부산에 <u>가 봤어요</u>?
나: 네, 친구하고 가 봤어요.

1) 가: 스케이트를 _____?
   나: 네. _____.

2) 가: 태권도를 _____?
   나: 네. _____.

3) 가: 해외여행을 _____?
   나: 아니요. _____.

4) 가: 특별한 경험이 있어요?
   나: 네. _____.

[동]-(으)ㄹ 줄 알다/모르다

2. [보기]와 같이 대화를 만드세요.

[보기] 가: 피아노를 <u>칠 줄 알아요</u>?
나: 네. 피아노를 <u>칠 줄 알아요</u>.

1) 가: 운전을 할 줄 알아요?
   나: 네. _____.

2) 가: 불고기를 만들 줄 알아요?
   나: 아니요. _____.

3) 가: 한국 노래를 _____?
   나: 네. 수업 시간에 배웠어요.

4) 가: 자전거를 _____?
   나: 아니요. 계속 넘어져요.

08 같이 신청할래요?

1. 알맞은 표현을 찾아 문장을 완성하세요.

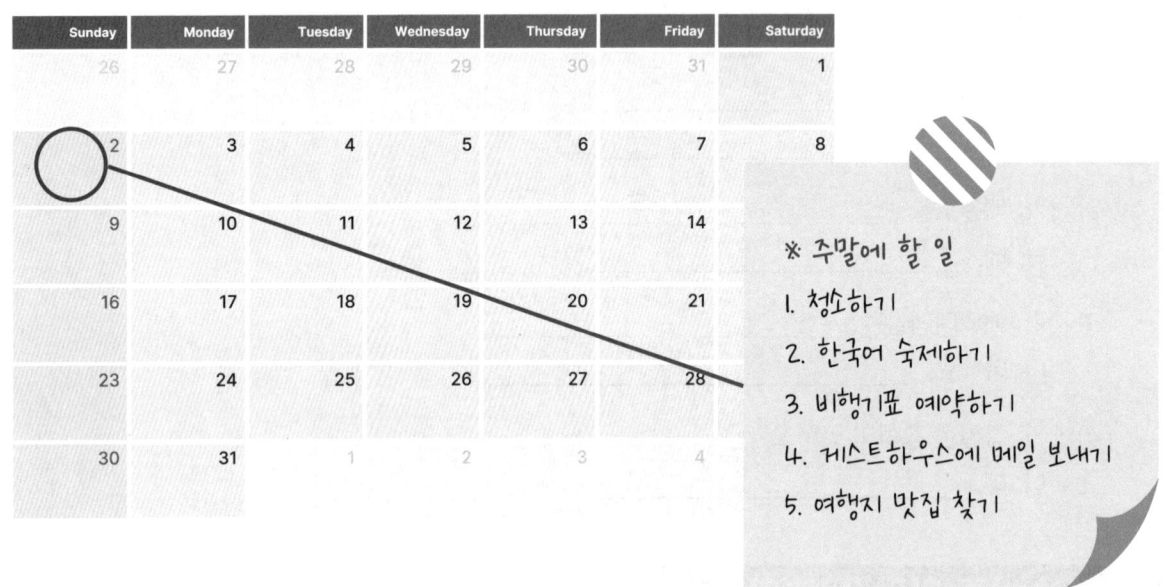

| 비행기 시간을 알아보다 | 숙소를 예약하다 |
| 여행 계획을 세우다 | 여행지 정보를 찾아보다 |

이번 주말에는 할 일이 많아요. 아침에는 청소를 하고 한국어 수업 숙제도 할 거예요. 오후에는 친구하고 커피숍에 갈 거예요. 이 친구하고 방학에 여행을 가기로 했어요. 커피숍에서 ㉮_____-(으)려고 해요. 일정을 정하면 ㉯_____-(으)ㄹ 거예요. 비행기표를 예약하고 ㉰_____-(으)ㄹ 거예요. 숙소 근처의 맛집을 찾고 싶어요. 그래서 인터넷에서 ㉱_____-(으)려고 해요.

문법

[동]-(으)ㄹ래요

1. [보기]와 같이 대화를 만드세요.

[보기] 가: 주말에 같이 강남역에 가서 <u>쇼핑할래요</u>?
       나: 네, 좋아요. <u>쇼핑할래요</u>.

1) 가: 주말에 같이 닭갈비 _____?
   나: 네. 좋아요. 저도 _____.

2) 가: 저는 초코 아이스크림을 먹고 싶어요. 양양씨는요?
   나: 저는 딸기 아이스크림을 _____.

3) 가: 이 노래 들어 봤어요? 정말 좋아요.
   나: 아니요. 저도 _____.

4) 가: 주말에 같이 영화 _____?
   나: 미안해요. 다음 주에 시험이 있어요. 도서관에 가서 _____.

[동]-거나 / [형]-거나 / [명](이)나

2. [보기]와 같이 대화를 만드세요.

[보기] 가: 주말에 보통 뭐 해요?
       나: 집에서 <u>텔레비전을 보거나 책을 읽어요</u>.

1) 가: 도서관에 가면 뭐 해요?
   나: _____.

2) 가: 시험이 끝나면 뭐 할 거예요?
   나: _____.

3) 가: 커피숍에 가면 보통 뭘 마셔요?
   나: _____.

4) 가: 어디에서 친구를 만나요?
   나: 보통 _____.

31

09 아름다운 경치를 보면서 걸어 보세요.

1. 알맞은 표현을 찾아 쓰세요.

참가 기간		참가 방법
주제	발표	상금

외국인 유학생 한국어 글쓰기 대회

㉮ _____	10.01.(월) ~ 10.31.(수)
쓰기 ㉯ _____	친구
㉰ _____	한글 파일로 제출: A4용지 1~2장 / 글씨 크기: 12p
	송곡대학교 어학센터 홈페이지(korean.songgok.ac.kr), '한글날 행사' 메뉴로 제출
	우편 제출(강원도 춘천시 남산면 송곡대학길 34)
	※ 참가신청서와 함께 제출해 주세요.
㉱ _____	11.20.(월) 11:00
㉲ _____	1등 1명 500,000원
	2등 1명 300,000원
	3등 3명 100,000원

[동]-(으)면서

1. [보기]와 같이 대화를 만드세요.

| 커피를 마시다 | 영화를 보다 | 피아노를 치다 | 팝콘을 먹다 |
| 노래를 부르다 | 핸드폰을 보다 | 이야기를 하다 | 걷다 |

[보기] 가: 커피숍에서 뭐 했어요?
       나: 커피를 마시면서 이야기를 했어요.

1) 가: 어제 뭐 했어요?
   나: _____-았/었어요.

2) 가: 토모 씨는 무엇을 잘해요?
   나: 저는 _____-(으)ㄹ 수 있어요.

3) 가: 안나 씨! _____-지 마세요!
   나: 네. 알았어요.

[동]-어 보다 ②

2. [보기]와 같이 대화를 만드세요.

[보기] 가: 이 원피스 어때요?
       나: 예뻐요. 한 번 입어 보세요.

1) 가: 이 귀걸이 귀엽지 않아요?
   나: 네. 귀여워요. _____.

2) 가: 그 아이스크림 어때요?
   나: 맛있어요. _____.

3) 가: 이 책 정말 재미있어요.
   나: 그래요? 저도 한 번 _____-(으)ㄹ래요.

4) 가: 이 케이크를 _____-고 싶어요.
   나: 좋아요. 하나 시켜요.

읽기

복습 07-09과 | 여가 활동

1. 어떤 글이에요? 이야기해 보세요.

함께하는 음악회

음악회에 초대합니다.
우리 학교에서 악기 연주를 공부하는 학생들이
모여서 공연을 합니다. 함께해요!

기간: 12월 1일 ~ 12월 31일
일시: 매주 토요일 오후 6시
장소: 송곡대학교 강당

2. 다음 글을 읽고 질문에 대답해 보세요.

저는 음악을 좋아해서 음악을 자주 듣습니다. 음악을 들으면 기분이 좋습니다. 그래서 아침에 일어나서 휴대폰으로 음악을 들으면서 학교에 갈 준비를 합니다. 혼자 공부를 하거나 집안일을 하면서도 음악을 듣습니다.
 고향에서는 피아노를 쳤습니다. 한국에서는 피아노를 치기 힘듭니다. 그래서 다른 악기를 배우기로 했습니다. 요즘 기타를 배웁니다. 기타를 배운 지 사 개월 정도 되었습니다. 처음에는 기타를 잘 치지 못했습니다. 그렇지만 지금은 여러 노래를 잘 칠 수 있게 됐습니다. 기타를 치면서 좋아하는 가수의 노래를 부르면 정말 즐겁습니다.
 나중에 공연도 하고 음악도 만들어 보고 싶습니다. 그래서 공연도 자주 보러 다닙니다. 앞으로도 악기 연주를 계속하고 공연도 더 자주 보면서 음악을 공부할 것입니다.

1) 이 사람은 언제 음악을 들어요?
2) 이 사람은 어떤 악기를 연주해요?
3) 이 사람의 꿈은 뭐예요?

3. 여러분은 음악을 좋아해요? 이야기해 보세요.

새 표현 　기타를 치다　여가 활동　음악회　집안일

쓰기

1. 다음 질문에 대답해 보세요.

   1) 무엇을 좋아해요?

   2) 얼마나 자주 해요?

   3) 그것을 하면 뭐가 좋아요?

   축구를 좋아해요.

   주말에 시간이 있으면 친구들과 같이 해요.

   친구들과 함께할 수 있어서 즐거워요.

   건강에 좋아요.

2. '취미'에 대한 글을 써 보세요.

   나의 취미, 축구

   저는 축구를 좋아합니다. 시간이 있으면 친구들과 같이 축구를 합니다.
   축구를 하면 (…)
   집에서 자주 텔레비전으로 축구를 봅니다. 그리고 축구장에도 몇 번 가 봤습니다.
   많은 사람들과 함께 우리 팀을 응원하면서 축구를 보면 더 재미있습니다. (…)

3. 친구의 글을 읽고 이야기해 보세요.

   1) 친구의 취미는 뭐예요?
   2) 그 취미의 좋은 점이 뭐예요?

10 마리 씨의 친구는 마음이 따뜻한 것 같아요.

1. 알맞은 표현을 찾아 쓰세요.

| 마음이 따뜻하다 | 부지런하다 |
| 성격이 밝다 | 게으르다 |

㉮
하산 씨는 매일 아침 운동을 해요.
아주 _____-(으)ㄴ 사람이에요.

㉯
메이 씨는 항상 웃어요. _____-아/어요.

㉰
지민 씨는 요즘 계속 회사에 지각을 해요.
조금 _____-(으)ㄴ 사람이에요.

㉱
프엉 씨는 봉사활동을 자주 해요. 그리고 친구들도 잘 도와줘요.
_____-(으)ㄴ 사람이에요.

문법

[형]-(으)ㄴ 것 같다

1. [보기]와 같이 문장을 만드세요.

[보기] 배가 고픈 것 같아요.

1) _____.

2) _____.

3) _____.

[동]-는 것 같다

2. [보기]와 같이 문장을 만드세요.

[보기] 요리를 하는 것 같아요.

1) _____.

2) _____.

3) _____.

37

11 친구가 집을 소개해 준 덕분에 이사하게 됐어요.

1. 알맞은 표현을 찾아 쓰세요.

집을 찾다	이사하다
짐을 정리하다	쓰레기봉투를 사다
인터넷을 신청하다	외국인등록증을 만들다

㉮ 출입국외국인청에 가서 _____ -았/었어요.

㉯ 집에 인터넷이 안 돼요. 아직 _____ -지 못 했어요.

㉰ 기숙사가 불편해서 _____ -고 있어요.

㉱ 친구가 _____ -(으)ㄴ 집이 넓고 좋아요.

㉲ 한국은 _____ -아/어서 쓰레기를 버려요.

㉳ 다음 주에 이사를 해요. 그래서 _____ -(으)려고 해요.

문법

[동]-(으)ㄴ 덕분에

1. [보기]와 같이 문장을 만드세요.

[보기]   안나 씨가 길을 알려 줬어요. 그래서 수업에 늦지 않았어요.
→ <u>안나 씨가 길을 알려 준 덕분에 수업에 늦지 않았어요.</u>

1) 친구가 돈을 빌려 줬어요. 그래서 버스를 탈 수 있었어요.
→ _____.

2) 선생님이 한국 친구를 소개해 줬어요. 그래서 한국어 실력이 늘었어요.
→ _____.

3) 매일 한국 노래를 들었어요. 그래서 듣기 시험을 잘 봤어요.
→ _____.

4) 시험을 잘 봤어요. 그래서 장학금을 받았어요.
→ _____.

[동]-게 되다

2. 그림을 보고 [보기]와 같이 문장을 만드세요.

| 먹다 | 살다 | 만나다 | 오다 |

[보기]   한국에 살면서 매운 음식을 잘 <u>먹게 됐어요</u>.

1) 친구가 소개해 줘서 지금 남자친구를 _____.

2) 한국 문화에 관심도 많고 친한 친구도 있어서 한국에 _____.

3) 반 친구가 소개해 줘서 지금 집에 _____.

39

12 저는 주말에 늦잠을 자는데 룸메이트는 아침 일찍 청소를 해요.

1. 알맞은 표현을 찾아 쓰세요.

| 빨래(를) 하다 | 설거지(를) 하다 |
| 모아서 한 번에 | 바로 | 매일 |

여러분은 집안일을 언제 하세요? 저는 주말에 ㉮_____ 해요. 평일에는 학교도 가고 아르바이트도 해서 바빠요. 아침에 일어나서 먼저 ㉯_____-아/어요. 흰 옷과 색깔 옷을 따로 해요. 그래서 시간이 많이 필요해요. 그 다음에 ㉰_____-아/어요. 저는 식사를 하고 ㉱_____ 하지 않아요. 그리고 ㉲_____ 집에서 밥을 먹지 않아요. 보통 학교 식당에서 먹어요. 그래서 그릇이 적어요.

[동]-는데 / [형]-(으)ㄴ 데 / [명]인데 ①

1. [보기]와 같이 문장을 만드세요.

| 비싸다 | 없다 | 먹다 | 학생 |

[보기] 음식값은 <u>비싼데</u> 맛은 없어요.

1) 매운 음식은 _____ 뜨거운 음식은 못 먹어요.

2) 주말에는 도서관에 사람이 _____ 평일에는 많아요.

3) 수지 씨는 _____ 제인 씨는 회사원이에요.

[동]-(으)ㄴ 적이 있다/없다

2. [보기]와 같이 대화를 만드세요.

[보기] 가: 부산에 <u>간 적이 있어요</u>?
     나: 네. 작년에 친구하고 가 봤어요.

1) 가: 스케이트를 _____?
   나: 네. _____.

2) 가: 태권도를 _____?
   나: 네. _____.

3) 가: 해외여행을 _____?
   나: 아니요. _____.

4) 가: 특별한 경험이 있어요?
   나: 네. _____.

읽기

복습 10-12과 　 인간관계

1. 여러분은 어떤 친구하고 친해요? 이야기해 보세요.

> 저는 우리 반 안나 씨하고 친해요. 안나 씨는 친절하고 재미있어요. 안나 씨하고 이야기를 하면 기분이 좋아요. 우리는 자주 만나서 맛있는 음식도 먹고 이야기도 많이 해요.

2. 다음 글을 읽고 질문에 대답해 보세요.

저는 고향에 친한 친구들이 있습니다. 지금은 제가 한국에 와서 자주 만날 수 없지만 고향에서는 항상 같이 다녔습니다. 친구들이 보고 싶어서 인터넷으로 자주 연락을 합니다.

이 친구들을 초등학교 때 처음 만났습니다. 우리는 같은 반이었습니다. 친구들하고 같이 즐거운 시간을 보냈습니다. 생일이나 좋은 일이 있으면 친구들이 축하해 줬습니다. 어려운 일이 있으면 (㉮). 제가 많이 아파서 한 달 동안 학교에 못 간 적이 있습니다. 그때 친구들이 매일 병원에 와서 학교에서 배운 것을 가르쳐 줬습니다. 숙제도 같이 해 줬습니다. 친구들이 있어서 힘들지 않았습니다.

제가 한국에 오는 날 우리는 공항에서 인사를 했습니다. 친구들이 저에게 작은 선물도 줬습니다. 방학에 고향에 돌아가면 제가 친구들에게 선물을 줄 것입니다.

1) 이 사람은 친구들을 언제 처음 만났어요?
2) ㉮에 들어갈 말을 쓰세요.
3) 이 사람은 방학에 뭘 할 것 같아요?

3. 친구들이 나를 도와준 일을 이야기해 보세요.

새 표현　소개하다　즐겁다　친절하다

쓰기

1. 1급 때 친구에게 소개하고 싶은 우리 반 친구가 있어요? 이야기해 보세요.

> 저는 마리 씨를 소개하고 싶어요. 마리 씨는 아주 재미있는 사람이에요. 마리 씨 덕분에 우리 반 친구들이 모두 재미있게 공부하고 있어요. 친구들이 마리 씨를 만나면 모두 마리 씨를 좋아하게 될 거예요.

2. 친구를 소개하는 이메일을 써 보세요.

보낸 사람	크리스티나
제목	친구를 소개할게요

바야르에게

바야르 씨, 안녕하세요? 잘 지내고 있어요? 저도 잘 지내고 있어요. 2급 공부가 조금 힘들지만 선생님과 친구들 덕분에 재미있게 공부하고 있어요. 바야르 씨의 2급 반 선생님과 친구들은 어때요?

바야르 씨에게 지금 우리 반 친구 한 명을 소개하려고 해요. 이 친구는 (…)

바야르 씨가 이 친구를 만나서 친구가 되면 좋을 것 같아요. 같이 만나요. 답장 기다릴게요.

크리스티나

3. 친구의 글을 읽고 이야기해 보세요.

1) 친구가 소개한 사람은 누구예요?
2) 친구를 잘 소개했어요?

13 저도 가 보고 싶었는데 같이 갈래요?

1. 알맞은 표현을 찾아 문장을 완성하세요.

2. 알맞은 표현을 찾아 문장을 완성하세요.

㉮ 이번 방학에는 <u>경치가 좋은 곳에 가서</u> 예쁜 사진을 찍고 싶어요.

㉯ 친구와 _____ -아/어서 맛있는 음식을 먹을 거예요.

㉰ 주말에 한강으로 _____ -기로 했어요.

㉱ 한국에서 야구 _____ -(으)ㄴ 적이 있어요.

㉲ 저는 시간이 날 때마다 뮤지컬 _____ -아/어요.

㉳ 보통 _____ -(으)면서 팝콘을 먹어요.

[동]-는데 / [형]-(으)ㄴ데 / [명]인데 ②

1. 알맞은 것을 골라 대화를 만드세요.

| 방학이다 | 날씨가 춥다 | 춤을 배우고 싶다 | 지하철을 타다 |

[보기]   가: 또 옷을 샀어요?
         나: <u>날씨가 추운데</u> 따뜻한 옷이 없었어요.

1) 가: _____ 뭐 할 거예요?
   나: 부산으로 여행을 갈 거예요.

2) 가: 학교에 어떻게 왔어요?
   나: _____ 사람이 정말 많았어요.

3) 가: _____ 어디에서 배울 수 있어요?
   나: 학교 근처 학원에서 배울 수 있어요.

2. 알맞은 것을 골라 대화를 만드세요.

| 좀 시끄럽다 | 날씨가 덥다 | 다리가 아프다 | 휴대폰을 안 가지고 오다 |

[보기]   가: <u>좀 시끄러운데</u> 조용히 해 주시겠어요?
         나: 네. 죄송합니다.

1) 가: _____ 저기에 앉아서 잠깐 쉴까요?
   나: 좋아요.

2) 가: _____ 에어컨 좀 켜 주세요.
   나: 네. 알겠어요.

3) 가: _____ 전화 좀 빌릴 수 있어요?
   나: 네. 쓰세요.

14 날짜를 바꿨으면 좋겠어요.

1. 알맞은 표현을 찾아 문장을 완성하세요.

| 지키다 | 취소하다 | 바꾸다 |

㉮ 약속 시간을 4시로 _____-아/어요.

㉯ 리사 씨는 항상 약속 시간을 잘 _____-아/어요.

㉰ 일이 너무 많아서 약속을 _____-았/었어요.

2. 알맞은 표현을 찾아 문장을 완성하세요.

| 다치다 | 병원에 입원하다 | 급한 일이 생기다 |
| 갑자기 연락이 오다 | 수업이 늦게 끝나다 | 일을 시키다 |

㉮ 리사 씨가 다리를 _____-아/어서 _____-았/었어요.

㉯ 리사 씨한테서 _____-았/었는데 조금 늦을 것 같아요.

㉰ 죄송해요. 사장님이 _____-아/어서 못 갈 것 같아요.

㉱ _____-아/어서 못 와요.

문법

[동]-(으)ㄹ까요? / [형]-(으)ㄹ까요? / [명]일까요? ②

1. [보기]와 같이 대화를 만드세요.

[보기] 가: 자르갈이 <u>생일 파티에 올까요</u>?
        나: 네. 아마 올 거예요. 방금 연락이 왔어요.

1) 가: 지금 길이 _____?
   나: 네. 퇴근 시간이라서 막힐 것 같아요.

2) 가: 선생님께서 지금 사무실에 _____?
   나: 7시가 지났으니까 아마 퇴근하셨을 거예요.

3) 가: 부산에 가는 기차표가 _____?
   나: 주말이라서 표가 없을 거예요.

4) 가: 흐엉 씨 동생도 키가 _____?
   나: 흐엉 씨 키가 크니까 동생도 키가 클 것 같아요.

[동]-었으면 좋겠다 / [형]-었으면 좋겠다 / [명]이었/였으면 좋겠다

2. [보기]와 같이 대화를 만드세요.

[보기] 가: 어떤 일을 하고 싶어요?
        나: <u>학생들을 가르치는 일을 했으면 좋겠어요</u>.

1) 가: 어떤 영화를 보고 싶어요?
   나: _____.

2) 가: 무슨 선물을 받고 싶어요?
   나: _____.

3) 가: 어떤 사람을 만나고 싶어요?
   나: _____.

4) 가: 이번 방학에는 무엇을 하고 싶어요?
   나: _____.

15 수업이 끝나니까 6시였어요.

1. 알맞은 표현을 찾아 쓰세요.

| 늦게 일어나다 | 시간을 잘못 알다 | 휴대폰을 놓고 나오다 |
| 길이 막히다 | 버스를 잘못 타다 | 사고가 나다 |

오늘은 이상한 하루였어요. 아침에 1)_____아/어서 한국어 수업에 지각을 했어요. 오후에 리사 씨와 약속이 있었는데 약속 2)_____-았/었어요. 리사 씨는 1시간이나 나를 기다렸어요. 리사 씨의 전화를 받고 빨리 가려고 택시를 탔어요. 그런데 3)_____-아/어서 4)_____-았/었어요. 중간에 내려서 버스로 갈아탔는데 5)_____-았/었어요. 반대 방향의 버스였어요. 리사 씨에게 전화를 하려고 보니까 집에 6)_____-았/었어요. 그래서 리사 씨에게 연락을 하지 못했어요. 정말 미안했어요.

문법

[동]-다가

1. [보기]와 같이 대화를 만드세요.

1) 친구하고 이야기하다 • • 화장실에 가다
2) 시험공부를 하다 • • 싸우다
3) 수업을 듣다 • • 자다
4) 앞으로 가다 • • 편의점 앞에서 왼쪽으로 가다

[보기] 가: 올가 씨는 어디에 갔어요?
나: <u>수업을 듣다가 화장실에 갔어요</u>.

㉮ 가: 왜 기분이 안 좋아요?
나: _____.

㉯ 가: 어제 공부 많이 했어요?
나: _____.

㉰ 가: 은행이 어디에 있어요?
나: _____.

[동]-(으)니까 ②

2. [보기]와 같이 문장을 만드세요.

[보기] 집에 도착하니까 <u>택배가 있었어요</u>.

1) 교실에 가니까 _____.

2) 신발을 신어 보니까 _____.

3) 낮잠을 자고 일어나니까 _____.

4) 가방을 열어 보니까 _____.

읽기

복습 13-15과 　 약속

1. 약속을 지키지 못한 일을 이야기해 보세요.

> 친구를 만나기로 했는데 약속을 깜빡 잊어버렸어요. 친구가 전화를 해서 생각이 났어요. 친구에게 너무 미안했어요. 지금은 휴대폰 앱을 사용해서 약속을 메모해요.

2. 다음 글을 읽고 질문에 대답해 보세요.

> 20XX. 10. 10. 날씨 맑음.
> 　오늘은 친구들과 함께 한국어 공부 모임을 하는 날이었습니다. 매주 일요일 오전 10시에 친구들을 만나서 같이 한국어를 공부하기로 했는데, 아침에 일어나니까 10시였습니다. 깜짝 놀랐습니다. 너무 늦을 것 같아서 약속 장소에 가면서 친구에게 전화를 했습니다. 친구는 화를 내지 않고 친절하게 이야기했습니다.
> 　"정말 미안해요. 늦게 일어났어요."
> 　"괜찮아요. ＿＿＿＿＿＿㉠＿＿＿＿＿＿"
> 　서둘렀지만 약속 시간보다 40분 늦게 도착했습니다. 친구들에게 미안해서 공부가 끝나고 집에 가다가 친구들에게 커피를 샀습니다. 다음에 또 늦으면 그때는 친구들에게 밥을 사기로 했습니다. 다음부터는 공부 모임에 늦지 않았으면 좋겠습니다.

　1) 오늘 왜 친구들을 만났어요?
　2) 약속에 왜 늦었어요?
　3) 다음에 늦으면 어떻게 해요?
　4) ㉠에서 친구는 어떻게 말했을까요?

3. 약속에 늦은 일을 일기로 써 보세요.

새 표현 　깜빡 　깜짝 　놀라다 　늦게 　도착하다 　생각이 나다 　서두르다 　잊어버리다

쓰기

1. 다음 질문에 대답해 보세요.

1) 앞으로 무엇을 하고 싶어요?

2) 그러면 무엇을 해야 해요?

> 한국어를 더 잘했으면 좋겠어요.

> 매일 단어와 문법을 복습해요.

> 한국어를 자주 사용해요.

2. '나에게 하는 약속'을 써 보세요.

나에게 하는 약속

　저는 앞으로 한국어를 더 잘하고 싶습니다. 그래서 다음 약속을 꼭 지키겠습니다.

첫째, 매일 단어와 문법을 복습하겠습니다. 매일 복습하지 않으면 단어와 문법을 기억할 수 없습니다.

둘째, 인스타에 매일 한국어로 글을 써서 올리겠습니다.

그렇게 하면 한국어를 더 자주 사용할 수 있습니다. (…)

3. 친구의 글을 읽고 이야기해 보세요.

1) 친구는 어떤 약속을 했어요?
2) 제일 재미있는 약속은 뭐예요?
3) 친구는 약속을 지킬 수 있을까요?

새 표현　글을 올리다　약속을 지키다　인스타　일기　휴대폰 앱

16 약을 먹는 동안 술을 드시지 마세요.

1. 알맞은 것을 연결하세요.

1) •   • 감기에 걸리다

2) •   • 밥을 많이 먹다

3) •   • 허리가 아프다

4) •   • 머리가 아프다

5) •   • 넘어지다

2. 알맞은 표현을 찾아 문장을 완성하세요.

| 감기약을 먹다 | 두통약을 먹다 | 소화제를 먹다 |

| 약을 바르다 | 파스를 붙이다 |

㉮ 감기에 걸려서 _____ 휴대폰을 끄세요. -았/었어요.

㉯ 밥을 많이 먹어서 _____ -았/었어요.

㉰ 넘어져서 다쳤어요. 그래서 _____ -았/었어요.

㉱ 머리가 아파서 _____ -았/었어요.

㉲ 허리가 아파서 _____ -았/었어요.

문법

[동]-(으)ㄹ 때 / [형]-(으)ㄹ 때 / [명] 때

1. [보기]와 같이 대화를 만드세요.

1) 시간이 있다 — 부모님께 전화를 하다
2) 생일 파티를 했다 — 기분이 좋았다
3) 방학 — 보통 부산에 가다
4) 고등학생 — 태권도를 배웠다

[보기] 저는 <u>시간이 있을 때</u> 부모님께 전화를 해요.

㉮ _____.

㉯ _____.

㉰ _____.

[동]-는 동안 / [명] 동안

2. [보기]와 같이 문장을 만드세요.

[보기] <u>친구를 기다리는 동안</u> 음악을 들었어요.

1) 커피를 _____ 친구하고 이야기했어요.

2) _____ 휴대폰을 끄세요.

3) _____ 여행을 할 거예요.

4) 룸메이트가 _____ 저는 설거지를 해요.

17 약을 드시고 푹 쉬도록 하세요.

1. 알맞은 것을 연결하세요.

1)  • • 열이 나다

2)  • • 콧물이 나다

3)  • • 목이 아프다

4)  • • 기침을 하다

5)  • • 재채기를 하다

[동]-도록 하세요

1. [보기]와 같이 문장을 만드세요.

| [보기] | 내일 회의는 아주 중요해요. <u>회의 준비를 잘하도록 하세요</u>. |

1) 다음 주에 단어 시험을 볼 거예요. 단어를 _____.

2) 미술관에서는 _____.

3) 교실에 쓰레기를 _____.

4) 내일 시험이 있어요. 수업 시간에 _____.

[동]-어야 하다/되다 / [형]-어야 하다/되다

2. [보기]와 같이 문장을 만드세요.

| [보기] | 겨울에는 감기를 <u>조심해야 해요</u>. |

1) 수업 시간에는 한국어로 _____.

2) 여름에는 물을 자주 _____.

3) 등산할 때는 편한 신발을 _____.

4) 내일 시험이 있어서 오늘은 _____.

18 좋아하는 가수의 음악을 들으면 기분이 좋아져요.

1. 알맞은 것을 연결하세요.

1)  • • 귀찮다

2)  • • 답답하다

3)  • • 지루하다

4)  • • 마음이 급하다

5)  • • 생각이 복잡하다

2. 알맞은 표현을 찾아 문장을 완성하세요.

㉮ 요즘 고민이 많아요. 그래서 <u>생각이 복잡해요</u>.

㉯ 드라마가 너무 재미없어요. _____ -아/어요.

㉰ 늦잠을 잤어요. 그래서 _____ -아/어요.

㉱ 빨래가 _____ -아/어서 안 했어요. 입을 옷이 없어요.

㉲ 친구가 제 말을 안 믿어요. 너무 _____ -아/어요.

[동]어도 / [형]-어도

1. [보기]와 같이 문장을 만드세요.

[보기]   책을 여러 번 <u>읽어도</u> 이해가 안 돼요.

1) 저는 _____ 아침을 꼭 먹어요.

2) 내일 _____ 여행을 갈 거예요.

3) 김밥은 매일 _____ 또 먹고 싶어요.

4) 저는 _____ 매일 운동을 해요.

[형]-어지다

2. [보기]와 같이 문장을 만드세요.

1) 쉬는 시간이 되면   •   • 행복하다
2) 청소를 하지 않으면   •   • 집이 더럽다
3) 가족을 생각하면   •   • 교실이 시끄럽다
4) 겨울이 되면   •   • 밤이 길다

[보기]   <u>쉬는 시간이 되면 교실이 시끄러워져요</u>.

㉮ _____.

㉯ _____.

㉰ _____.

읽기

복습 16-18과 　건강

1. 요즘 건강이 어때요? 이야기해 보세요.

> 저는 항상 건강해요.

> 저는 감기에 자주 걸려요.

> 요즘 자주 쉽게 피곤해져요.

2. 다음 글을 읽고 질문에 대답해 보세요.

여러분은 얼마나 자주 운동을 하시나요? 혹시 시간이 없어서 운동을 못하시나요? 그러면 짧은 시간 동안 혼자 쉽게 할 수 있는 운동을 해 보세요.

걷기는 가장 쉽게 할 수 있는 운동입니다. 어린아이부터 나이가 많은 사람까지 모두 쉽게 할 수 있습니다. 운동할 시간이 없으면 집에 돌아갈 때 두세 정거장 전에 내려서 (㉮). 엘리베이터를 이용하지 않고 계단을 걸어 올라가거나 내려가면 더 많이 걸을 수 있습니다.

텔레비전을 보는 동안 가벼운 운동을 할 수도 있습니다. 계속 앉아 있거나 누워 있지 말고 몸을 움직여 보세요. 스트레칭은 이런 시간에 할 수 있는 가장 좋은 운동입니다.

건강이 한 번 나빠지면 다시 좋아지기 힘듭니다. 건강할 때 건강을 지켜야 합니다. 생활 속에서 할 수 있는 가벼운 운동으로 건강을 지켜 보세요.

1) 혼자 쉽게 할 수 있는 운동 두 가지는 뭐예요?
2) ㉮에 들어갈 말을 쓰세요.

3. 시간이 있을 때 할 수 있는 가벼운 운동을 소개해 보세요.

> 요가를 한번 해 보세요. 영상을 보면서 쉽게 따라 할 수 있어요.

새 표현　건강을 지키다　눕다　생활　스트레칭　어린아이　엘리베이터　영상　움직이다　정거장

쓰기

1. 건강을 지키는 방법을 메모해 보세요.

- 많이 걷기
- 건강에 좋은 음식 먹기
-
-

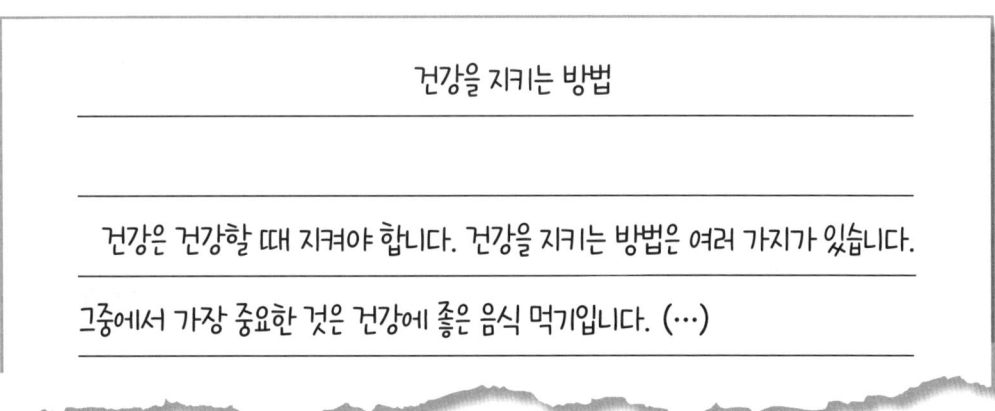

2. '건강을 지키는 방법'을 써 보세요.

건강을 지키는 방법

건강은 건강할 때 지켜야 합니다. 건강을 지키는 방법은 여러 가지가 있습니다. 그중에서 가장 중요한 것은 건강에 좋은 음식 먹기입니다. (…)

3. 친구의 글을 읽고 이야기해 보세요.

1) 친구가 이야기한 방법은 뭐예요?
2) 그 방법은 왜 중요해요?

19 통장을 만들려고 왔는데요.

1. 알맞은 것을 연결하세요.

1) •   • 입금하다

2) •   • 출금하다

3) •   • 환전하다

4) •   • 돈을 보내다

5) •   • 통장을 만들다

6) $ → ₩ •   • 카드를 만들다

[동]-(으)려고

1. [보기]와 같이 문장을 만드세요.

[보기]   친구에게 <u>주려고</u> 책을 샀어요.

1) 커피를 _____ 커피숍에 가요.

2) 친구하고 같이 _____ 빵을 샀어요.

3) 한국 회사에 _____ 공부하고 있어요.

4) 영화를 _____ 친구에게 연락했어요.

[동]-기 전에 / [명] 전에

2. [보기]와 같이 문장을 만드세요.

[보기]   <u>수영을 하기 전에</u> 준비 운동을 해야 해요.

1) 약을 _____ 꼭 식사를 하세요.

2) 영화를 _____ 커피를 마실까요?

3) 차가 _____ 안전벨트를 해야 해요.

4) 청소를 _____ 창문을 여세요.

20 등기 우편으로 보내 주세요.

1. 알맞은 것을 연결하세요.

1)  • • 요금을 내요

2)  • • 무게를 재요

3)  • • 물건을 배달해요

4)  • • 보낼 물건을 포장해요

5) 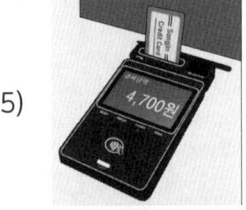 • • 번호표를 뽑고 기다려요

6)  • • 소포 접수 양식을 작성해요

문법

[명](으)로

1. [보기]와 같이 문장을 만드세요.

[보기]		가: 무슨 주스로 드릴까요? 나: 오렌지 주스로 주세요.
1)		_____ 2장 부탁드려요.
2)		저는 _____ 할게요.
3)		_____ 입어 볼게요.
4)		_____ 주세요.

[동]-(으)ㄴ 후에 / [명] 후에

2. [보기]와 같이 문장을 만드세요.

[보기]   수업이 끝난 후에 전화할게요.

1) 밥을 _____ 산책을 갈 거예요.

2) 커피를 _____ 쇼핑을 하기로 했어요.

3) 숙제를 _____ 드라마를 보세요.

4) _____ 뭘 하고 싶어요?

21 신청서를 이메일로 보내도 될까요?

1. 알맞은 표현을 찾아 문장을 완성하세요.

| 서류 | 신청서 | 추천서 |
| 활동 계획서 | | 자기소개서 |

한국어교육센터에서 동아리 활동을 지원합니다! 7월 21일까지 한국어교육센터로 ㉮_____ _____를 보내 주세요. 서류에는 ㉯_____, 담임 선생님 ㉰_____, ㉱_____이/가 필요합니다. 한 학기동안의 계획을 쓴 ㉲_____도 필요합니다. 많은 지원 바랍니다.

[동]-어도 되다

1. [보기]와 같이 대화를 만드세요.

[보기] 가: 여기에 <u>앉아도 돼요</u>?
       나: 네, 앉으세요.

1) 가: 여기에서 담배를 _____?
   나: 네. 괜찮아요.

2) 가: 이 책 좀 _____?
   나: 네. 보세요.

3) 가: 선생님, 화장실 _____?
   나: 네. 가세요.

4) 가: 급한 전화인데 _____?
   나: 네. 괜찮아요.

[동]-(으)면 안 되다

2. [보기]와 같이 대화를 만드세요.

[보기] 가: 음식을 가지고 들어가도 돼요?
       나: 아니요. 음식을 가지고 <u>들어가면 안 됩니다</u>.

1) 가: 여기에서 사진을 찍어도 돼요?
   나: 아니요. _____.

2) 가: 한강에서 수영해도 돼요?
   나: 아니요. _____.

3) 가: 여기에서 자전거를 타도 돼요?
   나: 아니요. _____.

4) 가: 여기에 주차해도 돼요?
   나: 아니요. _____.

읽기

복습 19-21과　시설 이용

1. 다음 안내문을 읽어 보세요.

도서관 이용 안내

- 이용 시간: 평일 오전 9:00 ~ 오후 9:00
　　　　　　주말 오전 9:00 ~ 오후 5:00
- 책 대출: 1회 3권, 2주 동안 대출 가능
---

2. 다음 글을 읽고 맞으면 ○, 틀리면 ×를 표시하세요.

> 　　우리 집 근처에는 도서관이 있습니다. 우리 동네에 사는 사람은 누구나 도서관을 이용할 수 있습니다. 도서관에서 책도 빌릴 수 있고 컴퓨터도 이용할 수 있습니다. 저는 공부를 하려고 자주 도서관에 갑니다. 한국어 책 읽기는 아직 어려워서 책을 빌려본 적은 없습니다.
>
> 　　이 도서관에서는 한 달에 한 번 문화 행사를 합니다. 책 전시회도 하고 음악회도 열립니다. 지난번에 한국 전통 음악 공연을 했는데 아주 재미있었습니다. 한국 전통 차도 나눠 줘서 차를 마시면서 공연을 봤습니다. 한국 음악을 잘 모르지만 분위기가 아주 신이 났습니다. '세계 그림책 전시회'를 한 적이 있는데 그때도 재미있었습니다. 특히 우리나라 그림책을 볼 수 있어서 반갑고 기분이 아주 좋았습니다.
>
> 　　도서관에서 조용히 공부하기 좋고, 재미있는 행사도 많이 해서 저는 이 도서관을 아주 좋아합니다.

1) 이 사람은 도서관에서 책을 자주 빌립니다.　　　　　　　　　(O / X)
2) 이 도서관에서는 매일 음악회를 볼 수 있습니다.　　　　　　　(O / X)
3) 한국 전통 음악 공연을 볼 때 한국 전통차를 마셔 봤습니다.　　(O / X)

3. 우리 학교 도서관에서 할 수 있는 일을 이야기해 보세요.

새 표현　　가능　대출　빌리다　신이 나다　이용하다

1. 다음 안내문을 읽어 보세요.

음악 박물관 안내
- 요일: 화요일 ~ 일요일
- 시간: 오전 9:00 ~ 오후 6:00
- 입장료: 성인 5,000원
  학생 3,000원

2. '내가 가 본 박물관'에 대해서 써 보세요.

> 저는 한국 음악 박물관에 가 봤습니다. 한국 음악 박물관에서는 한국의 옛날 악기를 볼 수 있습니다. 한국의 옛날 악기 중에는 우리나라의 악기와 비슷한 것이 많았습니다. 악기의 소리도 들어 볼 수 있어서 흥미로웠습니다.
>
> 이곳에서 사진과 영상을 보면서 한국 음악의 역사를 공부 할 수 있습니다. 그런데 한국어 설명이 어려워서 이해하기 어려웠습니다. 우리나라 말로 설명을 들을 수 있었으면 좋겠습니다. (…)

3. 친구의 글을 읽고 이야기해 보세요.

　1) 친구는 어떤 곳에 가 봤어요?
　2) 그곳에서 무엇을 할 수 있어요?
　3) 그곳에 가 보고 싶어요?

새 표현　설명　흥미롭다

22 한국 음식에 대해서 발표하겠습니다.

1. 알맞은 표현을 찾아 문장을 완성하세요.

| 메시지를 주고받다 | 파일을 보내다 | 사진을 올리다 |

| '좋아요'를 누르다 | 댓글을 쓰다 |

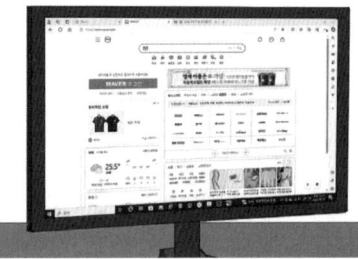

이메일로 선생님께 _____ -았/었어요.

친구가 SNS에 _____ -았/었어요.
저는 그 사진에 _____ -았/었어요.

친구가 제 댓글에 _____ -았/었어요.

저는 휴대폰으로 고향에 있는 친구와 _____ -아/어요.

[동]-기 때문에 / [형]-기 때문에 / [명] 때문에

1. [보기]와 같이 문장을 만드세요.

[보기]   이 식당은 음식이 맛있기 때문에 손님이 많습니다.

1) 어제 _____ 잠을 못 잤어요.

2) 제주도는 _____ 관광객이 많습니다.

3) 그 가수는 _____ 인기가 많습니다.

4) _____ 감기 환자가 많습니다.

[명]에 대해(서) / [명]에 대한 [명]

2. [보기]와 같이 대화를 만드세요.

[보기]   가: 무슨 일로 사무실에 왔어요?
         나: 동아리 지원금에 대해서 궁금해서요.

1) 가: 선생님이 뭘 물어 봤어요?
   나: _____ 물어 봤어요.

2) 가: 부모님하고 무슨 이야기를 했어요?
   나: _____ 이야기를 했어요.

3) 가: 그 영화는 무슨 내용이에요?
   나: _____ 영화예요.

4) 저는 _____ 에 대해서 발표하겠습니다.

23 부모님은 고향에 계세요.

1. 다음의 표현을 '높임말'로 바꾸어 쓰세요.

친구에게 선물을 줬어요.

㉮ _____

이름을 물어봤어요.

㉯ _____

고향에 가면 친구를 만나요.

㉰ _____

친구를 공항까지 데리고 갔어요.

㉱ _____

[동]-(으)시- / [형]-(으)시- / [명](이)시

1. [보기]와 같이 문장을 만드세요.

[보기] 제 친구는 베트남에 있어요.
→ 제 부모님은 <u>베트남에 계세요</u>.

1) 하산 씨는 운동을 좋아해요.
→ 하산 씨의 어머니는 _____.

2) 토모 씨는 자고 있어요.
→ 토모 씨의 어머니는 _____.

3) 제 친구는 아주 친절해요.
→ 제 선생님은 _____.

4) 제인 씨는 한국에 오기 전에 무슨 일을 했어요?
→ 제인 씨의 할아버지는 전에 _____?

[동]-도록 하겠습니다

2. [보기]와 같이 대화를 만드세요.

[보기] 가: 내일은 숙제를 해 오세요.
나: 죄송합니다. 내일은 숙제를 <u>하도록 하겠습니다</u>.

1) 가: 양양 씨 생일 파티에 꼭 오세요.
나: 네. _____.

2) 가: 내일까지 보고서를 이메일로 보내 주세요.
나: 네. _____.

3) 가: 앞으로는 실수하지 마세요.
나: 죄송합니다. _____.

4) 가: 중요한 회의예요. 회의 자료를 여러 번 확인해 주세요.
나: 알겠습니다. _____.

24 내가 도와줄 테니까 걱정하지 마.

1. 알맞은 표현을 찾아 문장을 완성하세요.

| 도와주다 | 알려 주다 | 사다 주다 |
| 가져다 주다 | 빌려 주다 | 전해 주다 |

㉮ 선생님 전화 번호 좀 _____ -(으)세요.

㉯ 오늘 지갑을 안 가지고 왔어요. 5,000원만 _____ -(으)세요.

㉰ 이거 양양 씨한테 _____ -(으)ㄹ 수 있어요?

㉱ 미안하지만 두통약 좀 _____ -(으)세요.

㉲ 이 문제를 모르겠어요. 좀 _____ -(으)세요.

㉳ 거기 제 휴대폰 좀 _____ -(으)ㄹ 수 있어요?

문법

[동]-(으)ㄹ 테니까

1. [보기]와 같이 문장을 만드세요.

| [보기] | 제가 기차를 _____ 하산 씨는 호텔을 찾아 주세요. |

1) 제가 편지를 _____ 에릭 씨가 선물을 사 오세요.

2) 제가 이따가 _____ 조금 기다려 주세요.

3) 제가 숙제를 _____ 걱정하지 마세요.

4) 제가 설거지를 _____ 청소 좀 해 주세요.

[동]-어 / [형]-어 / [명](이)야

2. [보기]와 같이 문장을 만드세요.

| [보기] | 저는 주말에 친구를 만나요.
→ 나는 주말에 친구를 만나. |

1) 그 커피숍은 케이크가 맛있어요.
→ _____.

2) 어제 친구하고 도서관에 가서 공부를 했어요.
→ _____.

3) 다음 주에 제주도로 여행을 갈 거예요.
→ _____.

4) 그 사람은 메이 씨의 동생이에요.
→ _____.

읽기

복습 22-24과 **대중매체**

1. 인터넷으로 한국어를 공부해 본 적이 있어요? 이야기해 보세요.

> 저는 고향에 있을 때 온라인 한국어 수업을 들었어요.

> 인터넷 수업 영상을 보면서 한국어를 공부해 본 적이 있어요.

2. 다음 글을 읽고 질문에 대답해 보세요.

저는 인터넷으로 영상을 보는 것을 좋아합니다. 예전에는 재미있는 영상을 찾아서 봤는데 한국어를 공부한 후부터는 한국어 공부 영상을 자주 봅니다.

한국어 문법을 모를 때 영상을 찾아봅니다. 우리나라 말로 설명해 주는 영상이 있어서 이해하기가 쉽습니다. 영상에 나오는 문장을 여러 번 읽으면서 외웁니다. 토픽(TOPIK) 사이트에는 시험을 준비할 수 있는 영상도 있습니다. 문제를 푸는 방법을 알 수 있어서 좋습니다. 쉬운 한국말로 이야기하는 영상도 자주 봅니다. 학교에서 공부하지 않은 단어와 문법이 나와서 조금 어렵지만 한국어로 말하는 방법을 알 수 있어서 좋습니다.

나중에는 저도 한국어 수업 영상을 만들어서 인터넷에 올려 보고 싶습니다. 우리나라 사람들이 한국어를 공부할 때 도움이 되었으면 좋겠습니다.

1) 이 사람은 인터넷으로 어떤 영상을 봐요?
2) 그 영상을 보면 어떤 점이 좋아요?
3) 이 사람은 나중에 무엇을 하고 싶어요?

3. 한국어를 공부할 수 있는 인터넷 영상을 알고 있어요? 이야기해 보세요.

새 표현 나중에   사이트   토픽 시험(TOPIK)

쓰기

1. 인터넷으로 할 수 있는 일을 메모해 보세요.

- 쇼핑
- 친구에게 연락하기
-
-
-

2. '인터넷 이용'에 대한 글을 써 보세요.

인터넷 이용

저는 인터넷을 매일 이용합니다. 인터넷이 없으면 아마 살 수 없을 것 같습니다.

제가 인터넷으로 가장 자주 하는 일은 (…)

3. 친구의 글을 읽고 이야기해 보세요.

1) 친구는 인터넷을 어떻게 이용해요?
2) 친구와 내가 인터넷을 이용하는 것은 비슷해요? 달라요?

25 고추장을 넣고 나서 끓여 주세요.

1. 알맞은 것을 연결하세요.

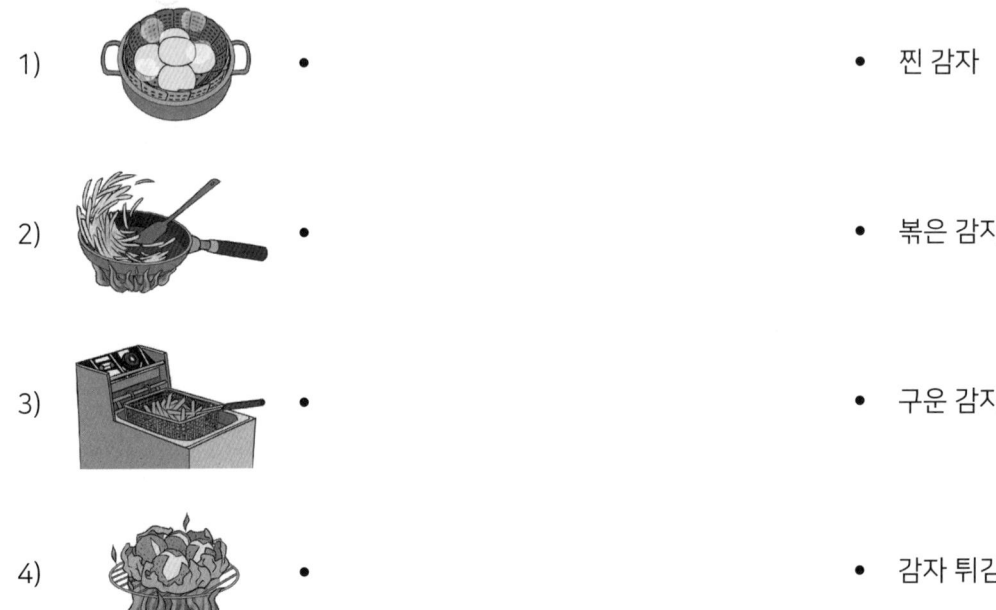

1) •   • 찐 감자

2) •   • 볶은 감자

3) •   • 구운 감자

4) •   • 감자 튀김

2. 알맞은 표현을 찾아 문장을 완성하세요.

| 끓이다 | 냄비(에) 넣다 | 익다 |
| 식다 | 썰다 | 섞다 |

<감자 샐러드 만드는 방법>

㉮ 물을 _____-고 ㉯_____-(으)세요. 그 다음 끓는 물에 감자를 넣으세요. 감자가 ㉰_____-(으)면 꺼내세요. 30분 정도 두세요. 오이와 당근을 ㉱_____-아/어요. 그리고 ㉲_____-(으)ㄴ 감자와 마요네즈를 넣고 ㉳_____-(으)세요.

[동]-고 나서

1. [보기]와 같이 문장을 만드세요.

[보기]   수업이 끝나고 나서 전화할게요.

1) 밥을 _____ 산책을 갈 거예요.

2) 커피를 _____ 쇼핑을 하기로 했어요.

3) 숙제를 _____ 드라마를 보세요.

4) _____ 뭘 하고 싶어요?

[동]-어 두다

2. [보기]와 같이 대화를 만드세요.

[보기]   가: 집들이 준비는 다 했어요?
         나: 네. 음식도 다 만들어 두었어요.

1) 가: 안나 씨가 좋아하는 가수가 콘서트를 해요.
   나: 네. 그래서 미리 표를 _____.

2) 가: 제 옷 못 봤어요?
   나: 아, 그거 제가 옷걸이에 _____.

3) 가: 아이스크림 어디에 있어요?
   나: 냉장고에 _____.

4) 가: 5분 후에 식당에 도착해요.
   나: 알겠어요. 그럼 미리 음식을 _____.

26 삼겹살을 야채하고 같이 먹으면 더 맛있다고 해요.

1. 알맞은 것을 쓰세요.

| 된장찌개 | 순두부찌개 | 떡국 | 만두 |
| 햄버거 | 피자 | 짜장면 | 탕수육 |

㉮ _____

㉯ _____

㉰ _____

㉱ _____

㉲ _____

㉳ _____

㉴ _____

㉵ _____

[동]-는/ㄴ다고 하다 / [형]-다고 하다 / [명](이)라고 하다

1. [보기]와 같이 문장을 만드세요.

[보기]　프엉: "지금 도서관에 가요"
→ 프엉 씨가 지금 도서관에 간다고 했어요.

1) 하산: "주말에는 보통 친구를 만나서 공부를 해요"
→ _____.

2) 수지: "한국의 여름은 비가 자주 오고 더워요"
→ _____.

3) 양양: "지금 사는 집은 깨끗하지만 조금 비싸요"
→ _____.

4) 크리스티나: "저 사람은 우리 반 친구예요"
→ _____.

[동][형]-았/었다고 하다 / [명]이었/였다고 하다 / [동][형]-(으)ㄹ 거라고 하다 / [명]일 거라고 하다

2. [보기]와 같이 문장을 만드세요.

[보기]　프엉: "어제 하산 씨하고 떡볶이를 먹었어요"
→ 프엉 씨가 어제 하산 씨하고 떡볶이를 먹었다고 했어요.

1) 하산: "지난 주말에는 등산을 다녀왔어요."
→ _____.

2) 수지: "5년 전에는 저도 대학생이었어요."
→ _____.

3) 양양: "졸업을 하면 한국 회사에 취직할 거예요."
→ _____.

4) 크리스티나: "저 사람은 한국에서 유명한 가수일 거예요."
→ _____.

27 역시 맛집이네요!

1. 알맞은 것을 쓰세요.

| 달다 | 쓰다 |
| 시다 | 짜다 | 맵다 |

㉮ _____

㉯ _____

㉰ _____

㉱ _____

㉲ _____

[동]-네요 / [형]-네요 / [명](이)네요

1. [보기]와 같이 문장을 만드세요.

[보기] 프엉: "지금 도서관에 가요"
→ 프엉 씨가 지금 도서관에 간다고 했어요.

1) 하산: "주말에는 보통 친구를 만나서 공부를 해요"
   → _____.

2) 수지: "한국의 여름은 비가 자주 오고 더워요"
   → _____.

3) 양양: "지금 사는 집은 깨끗하지만 조금 비싸요"
   → _____.

4) 크리스티나: "저 사람은 우리 반 친구예요"
   → _____.

[동]-어 / [동]-자

2. [보기]와 같이 문장을 만드세요.

[보기] 여기에 이름하고 전화번호를 쓰세요.
→ 여기에 이름하고 전화번호를 써.

1) 문 좀 열어 주세요.
   → _____.

2) 내일은 시험이 있으니까 늦지 마세요.
   → _____.

3) 주말에 같이 영화를 볼까요?
   → _____.

4) 다음 주에 시험이 있으니까 도서관에 갑시다.
   → _____.

읽기

복습 25-27과 　 음식

1. 좋아하는 한국 음식을 이야기해 보세요.

> 저는 한국 음식 중에서 팥빙수를 제일 좋아합니다. 달고 시원해서 여름에 먹으면 아주 맛있습니다.

2. 다음 글을 읽고 질문에 대답해 보세요.

> 한국에 와서 제가 제일 자주 먹은 음식은 김밥입니다. 한국 음식이 저에게 보통 매운데 김밥은 맵지 않습니다. 그래서 매운 것을 못 먹는 외국인도 맛있게 먹을 수 있습니다. 또 김밥은 종류도 많습니다. 고기도 넣을 수 있고 여러 가지 채소도 넣을 수 있어서 맛도 좋고 건강에도 좋습니다.
>
> 김밥을 자주 사 먹다가 집에서 직접 김밥을 만들어서 먹어 봤습니다. 영상을 보면서 따라 해 봤는데 재료만 준비하면 만들기가 어렵지 않았습니다. 김 위에 밥을 깔고 준비한 재료를 올리고 둥글게 김밥을 말기만 하면 됩니다. 김밥을 만들어 본 것이 처음이라서 영상에 나오는 재료만 준비했는데 다음에는 제가 좋아하는 재료를 넣어서 만들어 보려고 합니다. 저는 치즈를 좋아하니까 치즈를 많이 넣어서 만들어 보려고 합니다. 자기가 좋아하는 재료를 넣어서 만들 수 있기 때문에 김밥이 더 맛있고 만들기가 더 재미있는 것 같습니다.

1) 이 사람은 왜 김밥을 자주 먹었어요?
2) 김밥은 어떻게 만들어요?
3) 여러분은 김밥을 만들 때 어떤 재료를 넣고 싶어요?

3. 한국 음식을 만들어 봤어요? 어떻게 만들어요? 이야기해 보세요.

새 표현　 김밥을 말다　 둥글다　 따라하다　 밥을 깔다　 팥빙수

쓰기

1. 다음 질문에 대답해 보세요.

1) 한국 사람들에게 소개하고 싶은 고향 음식이 있어요?

2) 그 음식은 어떤 맛이에요?

3) 그 음식을 언제 먹어요?

4) 그 음식을 어떻게 만들어요?

> 한국 사람들이 좋아할 것 같아요.
> 한국에도 비슷한 음식이 있어요.
> 매워요. / 맵지 않아요.
> 거의 매일 먹는 음식이에요.
> 특별한 날 먹는 음식이에요.
> 만들기 쉬워요.

굽다   끓이다   볶다   찌다

2. '고향 음식'을 소개하는 글을 써 보세요.

나의 고향 음식, ○○○

한국 사람들에게 소개하고 싶은 나의 고향 음식은 (…)

3. 친구의 글을 읽고 이야기해 보세요.

1) 친구가 소개한 음식은 뭐예요?
2) 그 음식을 어떻게 만들어요?

28 유학생 모임에 나가 보는게 어때?

1. 알맞은 것을 쓰세요.

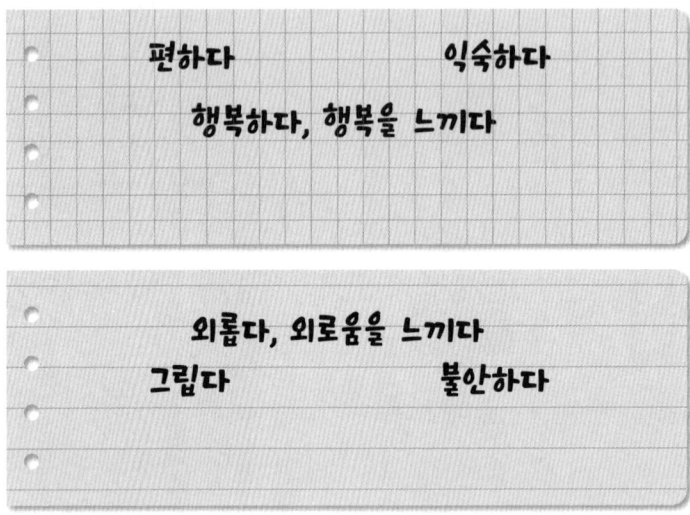

| 익숙하다 | | 편하다 |

| 외로움을 느끼다 | 그립다 | 불안하다 |

㉮ 처음에는 한국 생활이 낯설었는데 지금은 _____-아/어요.

㉯ 아픈데 혼자 있을 때는 _____-아/어요.

㉰ 가끔 고향 음식이 _____-(으)ㄹ 때가 있어요.

㉱ 앞으로의 계획을 생각하면 _____-아/어요.

㉲ 한국 생활을 잘하고 있는 선배들의 이야기를 들으면 마음이 _____-아/어요.

[동]-는 것

1. [보기]와 같이 대화를 만드세요.

> [보기] 가: 제인 씨는 뭘 좋아해요? (사진을 찍다)
> 나: 저는 <u>사진 찍는 것</u>을 좋아해요.

1) 가: 에릭 씨는 어떤 날씨를 좋아해요? (비가 오다)
   나: _____을 좋아해요.

2) 가: 양양 씨는 어떤 사람이에요? (친구를 도와주다)
   나: 좋은 사람이에요. _____을 자주 봤어요.

3) 가: 한국 생활에서 뭐가 제일 힘들어요? (가족들을 못 보다)
   나: _____이 가장 힘들어요.

4) 가: 여행을 가는데 _____을 어떻게 해야 해요? (맛집을 알아보다)
   나: 앱을 이용해 보세요.

의문대명사+[동]-는지 / [형]-(으)ㄴ지 / [명]인지

2. [보기]와 같이 문장을 만드세요.

> [보기] 언제부터 시험이에요?
> → <u>언제부터 시험인지</u> 알아요?

1) 약속 장소에 어떻게 가요?
   → _____ 알아요?

2) 우리 반에서 누가 한국어를 가장 잘해요?
   → _____ 알아요?

3) 안나 씨가 무슨 음식을 좋아해요?
   → _____ 알아요?

4) 학생증을 만들 때 무엇이 필요해요?
   → _____ 알아요?

29 한국 생활이 힘들지요?

1. 알맞은 표현을 찾아 문장을 완성하세요.

- 발음이 정확하지 않다
- 단어를 잘못 사용하다
- 비슷한 문법이 많다
- 한국 사람 말을 이해하지 못하다
- 질문에 바로 대답하기가 어렵다
- 읽을 때 시간이 많이 걸리다
- 쓸 내용이 빨리 생각나지 않다

㉮ 저는 가끔 _____-아/어서 실수할 때가 있어요.

㉯ 저는 한국어 책을 _____-아/어요. 수업 시간에 저만 다 못 읽을 때가 많아요.

㉰ 제 _____-아/어서 가끔 듣는 사람들이 잘못 이해하는 것 같아요.

㉱ 저는 말하기가 어려워요. 상대방의 _____-아/어요.

㉲ _____-아/어서 정확한 문법을 사용하는 것이 어려워요.

㉳ 저는 쓰기 시간에 _____-아/어서 힘들어요.

문법

[동]-지요 / [형]-지요 / [명](이)지요

1. [보기]와 같이 대화를 만드세요.

[보기] 가: 토모 씨, 우리 시험 시간이 <u>9시지요</u>?
        나: 네, 맞아요. 9시에 시작하니까 10분 전까지 오세요.

1) 가: 양양 씨, 이거 양양 씨 _____?
   나: 네, 제 휴대폰이에요.

2) 가: 요즘 많이 _____?
   나: 네. 요즘 일이 많아요.

3) 가: 하산 씨는 _____?
   나: 네. 저는 우즈베키스탄에서 왔어요.

4) 가: 오늘 안나 씨 생일 파티에 _____?
   나: 그럼요. 이따가 만나요.

[동]-어야겠다

2. [보기]와 같이 대화를 만드세요.

[보기] 가: 내일 아침 6시에 비행기를 타야 해요?
        나: 네, 맞아요. 일찍 <u>자야겠어요</u>.

1) 가: 많이 피곤하지요?
   나: 네, 오늘은 집에 일찍 가서 _____.

2) 가: 장학금 신청했어요? 오늘까지예요.
   나: 그래요? 빨리 _____.

3) 가: 다음 주에 시험이 있어서 오늘부터 _____.
   나: 저도 같이 공부해요. 도서관에 갑시다.

4) 가: 길이 많이 막히네요.
   나: 버스에서 내려서 _____.

30 졸업을 하자마자 취직했으면 좋겠어요.

1. 알맞은 표현을 찾아 문장을 완성하세요.

1) •   • K-POP학과

2) •   • 한국어비즈니스학과

3) •   • K-뷰티학과

4) •   • 미래전기자동차학과

2. 알맞은 표현을 찾아 문장을 완성하세요.

㉮ 저는 음악 듣는 것을 좋아해요. 그래서 _____에 진학할 거예요.

㉯ 저는 화장하는 것에 관심이 많아요. 그래서 _____에서 공부하고 싶어요.

㉰ 저는 사업에 관심이 많아요. _____에서 공부한 후에 고향에 돌아가서 제 회사를 만들고 싶어요.

㉱ 저는 자동차를 좋아해서 _____에 들어가고 싶어요.

[동]-자마자

1. [보기]와 같이 문장을 만드세요.

[보기]   새 운동화를 신고 <u>나가자마자</u> 비가 왔어요.

1) 편의점에서 우산을 _____ 비가 그쳤어요.

2) 방학이 _____ 여행을 갈 거예요.

3) 너무 피곤해서 집에 _____ 잤어요.

4) 아침에 _____ 물을 마시는 것은 건강에 좋아요.

[동]-(으)려면

2. [보기]와 같이 문장을 만드세요.

[보기]   송곡대학교에 <u>가려면</u> 여기에서 셔틀버스를 타야 해요.

1) 도서관에서 책을 _____ 학생증이 필요해요.

2) 장학금을 _____ 공부를 더 열심히 해야 해요.

3) 약속 시간에 _____ 지금 출발해야 해요.

4) 한국 친구를 _____ 동아리에 가입해야 해요.

읽기

복습 25-27과 　 나의 미래

1. 여러분은 나중에 어떤 일을 하고 싶어요?

> 저는 졸업하면 회사에서 일하고 싶어요. 한국어를 할 수 있는 일이었으면 좋겠어요.

> 저는 아직 잘 모르겠어요. 그렇지만 재미있게 일할 수 있었으면 좋겠어요.

2. 다음 글을 읽고 질문에 대답해 보세요.

고민 게시판

제목	어떤 일을 하면 좋을까요?
ID	MODEL J

　 예전에 제 꿈은 모델이었습니다. 하지만 모델이 되는 것은 제가 생각한 것보다 어려웠습니다. 그래서 지금은 다른 일을 찾고 있습니다. 일이 재미없으면 그 일을 오래 하기가 어렵기 때문에 재미있게 할 수 있는 일을 찾으려고 합니다. 그런데 아직 어떤 일을 하면 좋은지 잘 모르겠습니다.

　 저는 멋있는 디자인의 옷을 좋아합니다. 옷을 멋있게 입는 것도 좋아합니다. 친구들에게 잘 어울리는 옷도 추천해 줍니다. 제가 친구들에게 옷을 추천해 주면 친구들이 좋아하고 저도 기분이 좋습니다. 그래서 디자이너를 생각해 봤는데 그림을 공부한 적이 없어서 고민이 됩니다.

---

1) 이 사람의 고민은 뭐예요?
2) 이 사람은 무엇을 좋아해요?

3. 이 사람은 무슨 일을 하면 좋을까요? 답장을 써 보세요.

새 표현　 고민　 디자이너　 모델

쓰기

1. 다음 질문에 대답해 보세요.

1) 앞으로 무엇을 하고 싶어요?

2) 그러면 무엇을 준비해야 해요?

> 한국 회사에서 일하고 싶어요.

> 한국 대학교에서 비즈니스를 전공할 거예요.

> 대학교에 입학하려면 토픽(TOPIK)을 봐야 해요.

2. '나의 미래'에 대해서 써 보세요.

나의 미래

저는 나중에 한국 회사에서 일하고 싶습니다. 회사에서 일하면서 마케팅을 배우고 싶습니다. 그래서 더 나중에는 제 고향에서 사업을 하려고 합니다.

한국 회사에서 일하고 싶기 때문에 먼저 한국 대학교에 입학해서 (…)

3. 친구의 글을 읽고 이야기해 보세요.

1) 친구는 어떤 꿈이 있어요?
2) 친구가 그 일을 잘할 수 있을까요?
3) 친구는 어떤 준비를 할 거예요?

새 표현   마케팅   사업을 하다   전공하다   졸업하다

TOPIK I 읽기 연습

유형01 31 ~ 33번

※ [31 ~ 33] 무엇에 대한 이야기입니까? <보기>와 같이 알맞은 것을 고르십시오. (각 2점)

< 보기 >

제임스 씨는 미국 사람입니다. 요코 씨는 일본 사람입니다.

① 취미　　　② 직업　　　❸ 나라　　　④ 장소

31.

어제는 비가 많이 왔습니다. 오늘은 맑습니다.

① 날씨　　　② 계절　　　③ 요일　　　④ 가격

32.

저는 음악 듣는 것을 좋아합니다. 피아노도 칩니다.

① 운동　　　② 공부　　　③ 쇼핑　　　④ 취미

33.

아버지, 어머니는 부산에 삽니다. 나는 서울에서 학교에 다닙니다.

① 나라　　　② 가족　　　③ 친구　　　④ 가게

TOPIK I 읽기 연습
유형02 34 ~ 39번

※ [34 ~ 39] <보기>와 같이 ( )에 들어갈 가장 알맞은 것을 고르십시오.

── < 보기 > ──

머리가 아픕니다. ( )에서 약을 삽니다.

① 식당　　② 서점　　❸ 약국　　④ 극장

34. (2점)

비가 옵니다. 그래서 우산을 ( )

① 씁니다　　② 엽니다　　③ 보냅니다　　④ 입습니다

35. (2점)

친구를 만났습니다. 재미있는 ( )를 많이 했습니다.

① 전화　　② 편지　　③ 이야기　　④ 컴퓨터

36. (2점)

어제는 제 생일이었습니다. 친구( ) 선물을 받았습니다.

① 로　　② 께서　　③ 부터　　④ 한테서

37. (3점)

| 저는 운동을 좋아합니다. 운동 중에서 축구를 (   ) 좋아합니다. |

① 거의　　　② 가끔　　　③ 제일　　　④ 처음

38. (3점)

| 동생과 같이 집을 청소했습니다. 집이 (   ). |

① 나쁩니다　　　② 넓습니다　　　③ 조용합니다　　　④ 깨끗합니다

39. (2점)

| 도서관에 갑니다. 읽고 싶은 책을 (   ). |

① 팝니다　　　② 빌립니다　　　③ 배웁니다　　　④ 사용합니다

TOPIK I 읽기 연습 유형03 40 ~ 42번

※ [40 ~ 42] 다음을 읽고 맞지 <u>않는</u> 것을 고르십시오. (각 3점)

40.

인주 유나이티드
6, 7월 인주시 경기 일정

6월 19일(수요일)	6월 23일(일요일)
19:00	18:00
지산 드래곤즈	영주 시티즌

6월 30일(일요일)	7월 5일(금요일)
17:00	19:30
FC 서천	영주 시티즌

📍 인주시 축구 경기장(1호선 동운역, 2호선 작산역)

① 6월에 경기가 세 번 있습니다.

② 평일과 주말의 경기 시간이 같습니다.

③ 경기를 인주시 축구 경기장에서 합니다.

④ 축구 경기장은 1호선 동운역에 있습니다.

41.

안녕하세요. 김민철, 송재은입니다.

결혼을 축하해 주신 모든 분들에게 감사드립니다. 축하해 주신 마음 잊지 않고 행복하게 잘 살겠습니다.

감사의 뜻으로 작은 선물을 준비했으니 맛있게 드세요.

신랑 김민철, 신부 송재은 드림

① 친구들을 초대하려고 편지를 썼습니다.

② 김민철 씨와 송재은 씨가 결혼했습니다.

③ 결혼식에 온 사람들에게 선물을 주려고 합니다.

④ 사람들이 송재은 씨의 결혼을 축하해 주었습니다.

42.

한국 영화로 배우는 한국어

한국 영화를 보면서 영화에 나오는 한국어를 같이 공부해요!

기간: 3월 3일 ~ 12월 30일
일시: 마지막 주 금요일 오후 4 ~ 6시
장소: 한국어교육센터 301호 강의실

① 영화를 보면서 공부합니다.

② 모임을 3월부터 12월까지 합니다.

③ 매주 금요일 오후에 모임을 합니다.

④ 한국어교육센터 강의실에서 모입니다.

TOPIK I 읽기 연습　유형04　43 ~ 45번

※ [43 ~ 45] 다음의 내용과 같은 것을 고르십시오.

43. (3점)

> 지난 주말에 고등학교 친구들 모임이 있었습니다. 오랜만에 친구들을 만나서 반가웠습니다. 우리는 고등학교 때 이야기를 많이 했습니다.

① 저는 친구가 많습니다.
② 저는 친구들을 자주 만납니다.
③ 저는 친구를 만나려고 학교에 갔습니다.
④ 저는 지난주에 친구들과 모임을 했습니다.

44. (2점)

> 저는 보통 일찍 일어납니다. 일어나서 강아지와 함께 산책을 합니다. 30분 정도 산책을 한 후에 아침을 먹고 학교에 갑니다.

① 저는 일찍 일어나는 것이 힘듭니다.
② 저는 강아지가 있었으면 좋겠습니다.
③ 저는 학교에 가기 전에 산책을 합니다.
④ 저는 일찍 학교에 가서 공부를 합니다.

45. (3점)

> 제 고향은 남쪽에 있어서 날씨가 따뜻합니다. 겨울에도 눈을 보기가 어렵습니다. 여름에는 다른 곳보다 더 덥습니다.

① 제 고향은 겨울에 아주 춥습니다.
② 제 고향은 여름에 비가 자주 내립니다.
③ 제 고향은 겨울에 눈이 거의 오지 않습니다.
④ 제 고향은 여름에도 날씨가 많이 덥지 않습니다.

TOPIK I 읽기 연습

유형05 46 ~ 48번

※ [46 ~ 48] 다음을 읽고 중심 생각을 고르십시오.

46. (3점)

> 나는 시간이 있을 때 수영을 자주 합니다. 언니는 동아리에서 축구를 합니다. 어머니와 아버지는 주말에 함께 테니스를 칩니다.

① 우리 가족은 모두 바쁩니다.
② 우리 가족은 운동을 좋아합니다.
③ 우리 가족은 같이 시간을 보냅니다.
④ 우리 가족은 함께 취미 생활을 합니다.

47. (2점)

> 단어는 매일 조금씩 여러 번 공부하는 것이 좋습니다. 한 번에 많은 단어를 외워도 다 기억하지 못합니다. 단어를 자주 보면 더 잘 외울 수 있습니다.

① 단어를 공부하는 것이 어렵습니다.
② 새로운 단어를 많이 외워야 합니다.
③ 단어를 여러 번 자주 공부하는 것이 좋습니다.
④ 단어를 많이 알면 말하기를 잘할 수 있습니다.

48. (2점)

> 요즘은 집에서도 인터넷으로 쇼핑을 할 수 있습니다. 시장이나 가게에 가지 않아도 되고 집에서 물건을 받을 수 있어서 좋습니다.

① 인터넷이 있어서 생활이 편해졌습니다.
② 인터넷으로 쇼핑하는 것이 어렵습니다.
③ 인터넷으로 많은 일을 할 수 있습니다.
④ 인터넷을 자주 사용하면 좋지 않습니다.

TOPIK I 읽기 연습

유형06 49 ~ 50번

※ [49 ~ 50] 다음을 읽고 물음에 답하십시오. (각 2점)

> 저는 한국에 와서 기숙사에서 살았습니다. 기숙사에서 친구들과 함께 지내는 것이 재미있었습니다. 하지만 부엌이 좁고 다른 사람들과 함께 사용해야 해서 (㉠). 그래서 혼자 살 집을 구했습니다. 다음 주에 이사를 할 것입니다. 혼자 사는 생활이 기대가 됩니다.

49. ㉠에 들어갈 알맞은 말을 고르십시오.

① 필요했습니다 ② 불편했습니다
③ 새로웠습니다 ④ 즐거웠습니다

50. 이 글의 내용과 같은 것을 고르십시오.

① 저는 기숙사에서 혼자 살았습니다.
② 기숙사에서 요리를 하면 안 됩니다.
③ 저는 다음 주부터 혼자 살 것입니다.
④ 지난주에 친구와 함께 이사를 했습니다.

TOPIK I 읽기 연습 　유형07　51 ~ 52번

※ [51 ~ 52] 다음을 읽고 물음에 답하십시오.

> 얼마 전에 제 고향을 소개하는 텔레비전 방송을 봤습니다. 한국 배우들이 우리 고향의 유명한 곳을 여행하는 내용이었습니다. 방송으로 고향과 고향 사람들을 (㉠) 고향에 더 가고 싶어졌습니다. 그래서 이번 여름 방학에는 고향에 꼭 가려고 합니다.

51. ㉠에 들어갈 알맞은 말을 고르십시오. (3점)

① 보면　　　　　　　　② 봐도
③ 보지만　　　　　　　④ 보니까

52. 이 글의 내용과 같은 것을 고르십시오. (2점)

① 저는 고향을 방송에서 봤습니다.
② 제 고향은 아주 유명한 곳입니다.
③ 저는 지난 방학에 고향을 여행했습니다.
④ 이번 방학에는 바빠서 고향에 가지 못합니다.

TOPIK I 읽기 연습
유형08 53 ~ 54번

※ [53 ~ 54] 다음을 읽고 물음에 답하십시오.

> 지난 주말에 친구들과 같이 등산을 갔습니다. 산을 올라가는 것이 너무 힘들어서 중간에 내려오고 싶었습니다. (㉠) 친구들이 도와줘서 등산을 계속할 수 있었습니다. 산 위에 올라가서 경치를 봤는데 정말 멋있었습니다. 기분이 정말 좋았습니다. 다음에도 친구들과 같이 등산을 하고 싶습니다.

53. ㉠에 들어갈 알맞은 말을 고르십시오. (2점)

① 그리고 ② 그러면
③ 그러니까 ④ 그렇지만

54. 이 글의 내용과 같은 것을 고르십시오. (3점)

① 저는 등산을 처음 해 봤습니다.
② 산 위에서 본 경치가 아름다웠습니다.
③ 다음에는 혼자 등산을 가 보려고 합니다.
④ 등산이 너무 힘들어서 끝까지 못 갔습니다.

TOPIK I 읽기 연습   유형09 55~56번

※ [55~56] 다음을 읽고 물음에 답하십시오.

> 날씨가 더운 여름에는 땀을 많이 흘리기 때문에 물을 자주 마시는 것이 좋습니다. 물이 많은 채소와 과일을 먹는 것도 좋습니다. 더운 날씨에는 (㉠) 찬 음식을 많이 먹으면 안 됩니다. 그리고 여름에는 음식을 꼭 냉장고에 넣고 잘 끓여서 먹어야 합니다. 그렇게 하지 않으면 배탈이 날 수도 있습니다.

55. ㉠에 들어갈 알맞은 말을 고르십시오. (2점)

① 잠을 잘 못 자서
② 소화가 잘 안 돼서
③ 피곤하고 힘들어서
④ 요리를 할 수 없어서

56. 무엇에 대한 이야기인지 고르십시오. (3점)

① 몸에 좋은 음식
② 여름에 많이 먹는 음식
③ 건강을 지키는 운동 방법
④ 건강하게 여름을 보내는 방법

TOPIK I 읽기 연습

유형10 57~58번

※ [57~58] 다음을 순서대로 맞게 나열한 것을 고르십시오.

57. (3점)

> (가) 옛날에 강아지는 집을 지키는 동물이었습니다.
> (나) 강아지가 옆에 없으면 강아지를 보고 싶어합니다.
> (다) 그래서 강아지와 시간을 함께 보내려고 합니다.
> (라) 그렇지만 지금은 강아지를 가족처럼 생각하는 사람들이 많습니다.

① (가)-(라)-(다)-(나)   ② (가)-(라)-(나)-(다)
③ (가)-(나)-(라)-(다)   ④ (가)-(나)-(다)-(라)

58. (2점)

> (가) 이제 저도 형을 돕고 싶습니다.
> (나) 형은 어렸을 때부터 저를 잘 도와주었습니다.
> (다) 힘든 일이 있을 때에도 형에게 이야기했습니다.
> (라) 형은 저의 공부도 도와주고 저와 자주 놀아 주었습니다.

① (나)-(라)-(가)-(다)   ② (나)-(라)-(다)-(가)
③ (나)-(가)-(라)-(다)   ④ (나)-(가)-(다)-(라)

TOPIK I 읽기 연습 유형11 59 ~ 60번

※ [59 ~ 60] 다음을 읽고 물음에 답하십시오.

> 저는 회사에서 일한 지 5년이 되었습니다. (㉠) 처음에 일을 시작했을 때는 일을 잘 못해서 힘들었습니다. (㉡) 그런데 같이 일하는 분들이 저에게 일을 가르쳐 줘서 조금씩 잘하게 되었습니다. (㉢) 지금은 회사에서 일하는 것이 힘들지 않습니다. (㉣) 이 회사를 오랫동안 다니고 싶습니다.

59. 다음 문장이 들어갈 곳을 고르십시오. (2점)

> 너무 힘들어서 일을 그만두고 싶을 때도 있었습니다.

① ㉠
② ㉡
③ ㉢
④ ㉣

60. 이 글의 내용과 같은 것을 고르십시오. (3점)

① 저는 삼 년 전에 회사 일을 시작했습니다.
② 저는 일을 하는 것이 항상 재미있었습니다.
③ 회사 사람들이 저에게 일을 가르쳐 줬습니다.
④ 저는 회사를 나와서 대학원에 가려고 합니다.

TOPIK I 읽기 연습

유형12 61 ~ 62번

※ [61 ~ 62] 다음을 읽고 물음에 답하십시오. (각 2점)

> 요즘 설탕을 넣지 않고 만든 과자나 아이스크림이 인기입니다. 설탕을 많이 먹으면 살이 찌고 건강에 좋지 않기 때문입니다. 하지만 단맛을 내려고 설탕 말고 다른 것을 넣을 수 있습니다. 그래서 과자나 아이스크림에 들어 있는 것을 (㉠) 사야 합니다. 그리고 과자나 아이스크림을 한 번에 너무 많이 먹는 것은 좋지 않습니다.

61. ㉠에 들어갈 알맞은 말을 고르십시오.

① 바꾸고
② 확인하고
③ 열어 보고
④ 먹어 보고

62. 이 글의 내용과 같은 것을 고르십시오.

① 설탕이 안 들어 있는 과자가 있습니다.
② 설탕을 많이 먹는 것은 건강에 좋습니다.
③ 설탕 말고 다른 것을 넣은 과자는 맛이 없습니다.
④ 설탕을 안 넣은 과자는 한 번에 많이 먹어도 됩니다.

TOPIK I 읽기 연습 — 유형13 63~64번

※ [63~64] 다음을 읽고 물음에 답하십시오.

제목	한국 요리 대회 안내
보낸 사람	sgkorean@sg.ac.kr

학생 여러분, 안녕하세요?

이번에 우리 학교에서 '한국 요리 대회'가 열립니다.
다음 달 25일 오후 1시부터 5시까지 학교 대운동장에서 할 계획입니다.
참가비는 무료이고 이번 주까지 신청할 수 있습니다.
참가하고 싶은 학생은 한국어교육원 사무실에 방문하거나 이메일로 신청서를 보내면 됩니다. 많은 관심 부탁드립니다.

한국어교육원

---

63. 왜 이 글을 썼는지 맞는 고르십시오. (2점)

① 요리 대회를 알리려고
② 요리 대회에 참가하려고
③ 요리 대회 날짜를 확인하려고
④ 요리 대회를 도와줄 사람을 찾으려고

64. 이 글의 내용과 같은 것을 고르십시오. (3점)

① 이번 달에 요리 대회를 합니다.
② 요리 대회를 두 시간 동안 합니다.
③ 참가비를 내야 참가할 수 있습니다.
④ 이메일을 보내서 신청할 수 있습니다.

TOPIK I 읽기 연습
유형14 65 ~ 66번

※ [65 ~ 66] 다음을 읽고 물음에 답하십시오.

> 저는 혼자 여행하는 것을 좋아합니다. 가족이나 친구와 여행을 가는 것도 재미있지만 조금 힘듭니다. 제가 하고 싶은 것보다 다른 사람이 좋아하는 것을 더 중요하게 생각하기 때문입니다. 혼자 여행을 하면 마음이 더 편하고 즐겁습니다. 다른 사람을 생각하지 않고 제가 먹고 싶은 것과 하고 싶은 것을 (㉠) 좋습니다.

65. ㉠에 들어갈 알맞은 말을 고르십시오. (2점)

① 좋아해야 해서 ② 즐길 수 있어서
③ 결정하지 못해서 ④ 선택하면 안 되니까

66. 이 글의 내용과 같은 것을 고르십시오. (3점)

① 저는 친구들과 여행을 자주 합니다.
② 저는 가족을 가장 중요하게 생각합니다.
③ 혼자 여행을 가면 가족들 생각이 많이 납니다.
④ 혼자 하는 여행이 같이 하는 여행보다 즐겁습니다.

TOPIK I 읽기 연습

유형15 67 ~ 68번

※ [67 ~ 68] 다음을 읽고 물음에 답하십시오. (각 3점)

> 요즘에는 손으로 글씨를 쓸 일이 거의 없습니다. 주변 사람들에게 편지를 쓰지 않고 휴대폰 메시지나 이메일을 보냅니다. 일기를 쓰거나 일정을 메모할 때도 휴대폰이나 컴퓨터를 더 많이 사용합니다. 하지만 공부를 할 때는 손으로 쓰는 것이 더 좋습니다. 눈으로만 보거나 입으로만 말하지 않고 손을 함께 (㉠) 더 오래 기억할 수 있습니다.

67. ㉠에 들어갈 알맞은 말을 고르십시오.

① 사용하면 ② 사용하고

③ 사용하지만 ④ 사용하는데

68. 이 글의 내용과 같은 것을 고르십시오.

① 손으로 편지를 쓰는 사람이 많습니다.

② 주변 사람들에게 편지를 자주 써야 합니다.

③ 공부할 때 컴퓨터를 사용하는 것이 좋습니다.

④ 손을 사용해서 공부하면 빨리 잊어버리지 않습니다.

TOPIK I 읽기 연습

유형16 69 ~ 70번

※ [69 ~ 70] 다음을 읽고 물음에 답하십시오. (각 3점)

> 제가 어렸을 때 어머니와 아버지가 다 바쁘게 일하셔서 할머니가 저를 돌봐 주셨습니다. 학교에서 행사를 할 때도 어머니가 (㉠). 저는 어머니가 아니라 할머니가 학교에 오시는 것이 부끄러웠습니다. 어느 날 저는 할머니를 기다리지 않고 혼자 집에 왔습니다. 할머니는 저를 만나지 못해서 놀라셨습니다. 저를 찾다가 집에 오신 할머니는 저를 보고 우셨습니다. 우시는 할머니를 보고 놀라서 저도 같이 울었습니다.

69. ㉠에 들어갈 알맞은 말을 고르십시오.

① 오시기로 했습니다
② 오실 것 같았습니다
③ 오신 적이 없습니다
④ 안 오셨으면 좋겠습니다

70. 이 글의 내용으로 알 수 있는 것을 고르십시오.

① 저는 어렸을 때부터 할머니를 좋아했습니다.
② 저는 학교에서 할머니를 계속 기다렸습니다.
③ 할머니는 일이 있어서 학교에 못 오셨습니다.
④ 할머니는 제가 학교에 없어서 걱정하셨습니다.

TOPIK I 읽기 연습   정답

31. ①	51. ④
32. ④	52. ①
33. ②	53. ④
34. ①	54. ②
35. ③	55. ②
36. ④	56. ④
37. ③	57. ①
38. ④	58. ②
39. ②	59. ②
40. ②	60. ③
41. ①	61. ②
42. ③	62. ①
43. ④	63. ①
44. ③	64. ④
45. ③	65. ②
46. ②	66. ④
47. ③	67. ①
48. ①	58. ④
49. ②	59. ③
50. ③	60. ④

표현

1과	건강하게		3과	음료수를 사 오다
	선배			음식을 가져오다
	오래오래			음식을 나눠 먹다
	재미있게			음식을 나눠 주다
	즐겁게			음식을 주문하다
	친하게			장을 보다
	행복하게			팀을 나누다
2과	같이 문제를 풀다			발표
	경기를 하다			새 표현: 쉬는 날
	공연을 하다			파티하다
	대회에 나가다			하나씩
	동영상을 찍다		1-3과 복습	배우다
	서로 가르쳐 주다			악기
	시험공부를 하다			연주
	시험을 신청하다			유학생
	연습하다			유학생회
	새 표현: 농구			참석하다
	열공			회원
	준비하다			가볍다
	모이다			귀엽다
	모임을 가지다			길이
	모임을 하다			디자인
	선물을 주고 받다			마음에 들다

111

4과	멋지다		5과	사이즈가 맞지 않다	
	무겁다			상하다	
	밝다			색깔이 어울리지 않다	
	보통이다			식품	
	비싸다			신발	
	색깔			신선하지 않다	
	싸다			옷	
	어둡다			유통기한이 지나다	
	어울리다			주문을 잘못 하다	
	예쁘다			환불받다	
	작다			환불하다	
	적당하다			새 표현	문의
	짧다				영수증
	크기				치수
	크다			고장이 나다	
	새 표현	가지고 다니다		사용하다	
		고르다		서비스센터를 방문하다	
		남대문 시장		수리를 받다	
		돈을 모으다		연결하다	
		앞으로		주문하다	
		항상		충전하다	
	교환하다			택배로 받다	
	냄새가 나다			새 표현	광고
	디자인이 마음에 안 들다				설명서
	맛이 이상하다				완전히
	바꾸다				충전하다
	본/생각한 것과 다르다				할인 기간

4-6과 복습	물건				향수
	반지				환경
	벼룩시장		9과	대회	
	소리를 지르다			발표	
	액세서리			상금	
	오랫동안			쓰기 주제	
	이것저것			우편	
	편의점			제출	
7과	건강에 좋다			참가 기간	
	마음이 편하다			참가 방법	
	새 친구를 사귀다			참가신청서	
	새로운 것을 배우다			파일	
	새로운 경험을 하다			행사	
	시간을 보내다			새 표현	강변역
	새 표현	바둑			전통 놀이
		장기			춘천 봄내길
		체스	7-9과 복습	기타를 치다	
		한자		여가 활동	
8과	비행기 시간을 알아보다			음악회	
	숙소를 예약하다			집안일	
	여행 계획을 세우다		11과	게으르다	
	여행지 정보를 찾아보다			마음이 따뜻하다	
	새 표현	글씨		부지런하다	
		마음을 표현하다		성격이 밝다	
		부채		새 표현	동아리
		비누		따로	
		소중하다		모아서 한 번에	

12과	바로		15과	길이 막히다
	빨래			늦게 일어나다
	샤워			버스를 잘못 타다
	설거지			사고가 나다
	아침			시간을 잘못 알다
	저녁			약속을 잊어버리다
	주말			휴대폰을 놓고 나오다
	평일		13-15과 복습	글을 올리다
10-12과 복습	소개하다			깜빡
	즐겁다			깜짝
	친절하다			놀라다
13과	경기를 보다			늦게
	경치가 좋은 곳에 가다			도착하다
	공연을 보다			복습하다
	맛집에 가다			생각이 나다
	소풍 가다			서두르다
	급한 일이 생기다			약속을 지키다
	다치다			인스타
	병원에 입원하다			일기
	수업이 늦게 끝나다			잊어버리다
	일을 시키다			휴대폰 앱
	지키다			감기약
	취소하다			감기에 걸리다
	_____에서/한테(서) 갑자기 연락이 오다			넘어지다
				두통약
	새 표현	낫다		머리가 아프다
	갑자기 일이 생기다			밥을 많이 먹었다

16과	소화제	
	약을 바르다	
	파스를 붙이다	
	허리가 아프다	
	새 표현	계산하다
		떼다
		속이 불편하다
		아플 때마다
		최대
		회식
17과	기침을 하다	
	목이 아프다	
	열이 나다	
	재채기를 하다	
	콧물이 나다	
	새 표현	신청 양식
		외국인등록번호
		접수하다
		증상
		진료
		처방전
18과	귀찮다	
	답답하다	
	마음이 급하다	
	생각이 복잡하다	
	지루하다	
	새 표현	잠이 오다

16-18과 복습		푹 자다
	건강을 지키다	
	눕다	
	생활	
	스트레칭	
	어린아이	
	엘리베이터	
	영상	
	움직이다	
	정거장	
19과	돈을 보내다	
	입금하다	
	출금하다	
	카드	
	통장	
	통장에 돈을 넣다	
	통장에서 돈을 찾다	
	환전하다	
	새 표현	계좌이체
		내역조회
		무통장 송금
		신분증
		신용카드
		업무
		예금
		예금조회
		입력하다

과	구분	표현		과	구분	표현
20과		체크 카드		21과	새 표현	추천서
		통장정리				활동 계획서
	새 표현	무게를 재다				국문
		물건을 포장하다				영문
		배달하다				오리엔테이션
		번호표를 뽑다				장학금
		소포				지원금
		양식을 작성하다				통역
		요금을 내다		22과		답장을 쓰다
		접수하다				댓글을 쓰다
		1번째				메시지를 보내다
		냉동				바뀌다
		냉장				사진을 올리다
		등기 소포				이메일
		모바일 영수증				인터넷 게시판에 글을 쓰다
		성명				'좋아요'를 누르다
		순번				주고받다
		안심하다				확인하다
		일반 소포			새 표현	에스엔에스(SNS)
		접수 용지		23과		데리고 가다
		착불				드리다
		파손				묻다
		품명				모시고 가다
		서류				뵈다 / 뵙다
		성적 증명서				여쭈다 / 여쭤보다
		신청서			새 표현	출입국관리사무소
		자기소개서				가져다 주다

24과	도와주다			된장찌개	
	빌려 주다			떡국	
	사다 주다			만두	
	알려 주다			순두부찌개	
	전해 주다			짜장면	
	새 표현	이삿짐센터		탕수육	
22-24과 복습	나중에		26과	피자	
	사이트			햄버거	
	토픽 시험(TOPIK)			새 표현	고추
25과	굽다				김치
	끓이다				마늘
	냄비에 넣다				삼겹살
	볶다				쌈
	섞다				쌈장
	식다				참기름
	익다		27과	달다	
	찌다			맵다	
	튀기다			시다	
	새 표현	간장		쓰다	
		계란 프라이		짜다	
		고추장		새 표현	붕어빵
		대파	25-27과 복습	김밥을 말다	
		떡		둥글다	
		설탕		따라하다	
		식용유		밥을 깔다	
		어묵		팥빙수	
		프라이팬		그립다	

28과	느끼다	
	불안하다	
	외롭다	
	익숙하다	
	편하다	
	행복하다	
	새 표현	대표
29과	글자	
	단어	
	듣기	
	말하기	
	문법	
	바로 대답하다	
	발음	
	비슷한 문법	
	생각나다	
	시간이 많이 걸리다	
	쓰기	
	이해하지 못하다	
	읽기	
	잘못 사용하다	
	정확하지 않다	
	틀리다	
30과	미래전기자동차학과	
	한국어비즈니스하과	
	K-뷰티학과	
	K-POP학과	

28-30과 복습	고민
	디자이너
	마케팅
	모델
	사업을 하다
	전공하다
	졸업하다